Elogios para «A solas con Dios»

«Cuando llega a mi mente el nombre de Claudia Pinzón, enseguida pienso en la mujer virtuosa de Proverbios 31:10-30, pues es una mujer conforme al corazón de Dios. Le pido a Dios largura de días y salud para mi hermana y amiga Claudia Pinzón, bendiciones en su ministerio y, en especial, que toda persona que tenga en sus manos este libro tan inspirador, reciba la transformación por el poder de nuestro Señor Jesucristo para vida eterna. Claudis, "colombianita de nuestro corazón", mi esposa Sonia y yo te amamos de una manera bien especial».

CARLOS A. COPPIN
PASTOR DE LA PRIMERA IGLESIA BAUTISTA HISPANA DE MANCHESTER, CONNECTICUT
LA IGLESIA DE LA FAMILIA

«La visita de Claudia a Puerto Rico resultó ser mucho más que una gran actividad... ¡fue un agente catalítico usado por Dios en un momento de necesidad e indefinición en la vida de muchas mujeres! Su elegante presencia, espíritu compasivo y radical mensaje de compromiso e integridad personal marcaron un génesis de cambio en la mayoría de las asistentes. Anhelamos con ansias que, ahora, con su nuevo y motivador libro sobre la oración, *A solas con Dios*, de seguro que serán muchas las oportunidades que tendremos de seguir disfrutando del mensaje de sanidad y esperanza que le ha dado el Señor».

PASTOR GABRIEL PRADA
IGLESIA BAUTISTA OASIS DE AMOR
PUERTO RICO

«Con este libro, Claudia demuestra una vez más la grandeza de una mujer luchadora, triunfadora y esforzada, y sobre todo guiada por el Espíritu Santo. Felicidades, Claudia, por todos tus logros».

PASTOR GREGORIO KRAWCHUK
TESORERO INTERNACIONAL DE ALMAVISIÓN,
LA MAYOR CADENA DE TELEVISIÓN HISPANA DE LOS ESTADOS UNIDOS

SERIE: UN DÍA A LA VEZ

A solas con Dios
MIS ORACIONES

CLAUDIA
PINZÓN

EDITORIAL
UNILIT

Sepa

Publicado por
Editorial Unilit
Miami, Fl. 33172
Derechos reservados

Primera edición 2011

© 2011 por Claudia Pinzón
Todos los derechos reservados.

Edición: Nancy Pineda

Diseño/diagramación de la portada e interior: Alicia Mejias
Fotografías e ilustraciones: © 2011 Shutterstock, Vibrant Image Studio,
Iakov Kalinin, Benouche, AKaiser, Mikhail.
Usadas con permiso de Shutterstock.com

Producto 495766
ISBN 0-7899-1958-3
ISBN 978-0-7899-1958-8

Impreso en Colombia
Printed in Colombia

Categoría: Inspiración / Motivación / Devocional
Category: Inspiration / Motivational / Devotionals

CONTENIDO

Agradecimientos

A mi amado Jesús, quien es mi inspiración
y quien le da sentido a mi vida, a Él le agradezco
este nuevo libro. Le agradezco de manera pública
a Dios el respaldo que le ha dado al libro anterior,
Un día a la vez, y a esta bonita idea de seguir con
la serie mediante este libro acerca de la oración.
También quiero darles gracias a mis oyentes y lectores,
por su respaldo y por sus testimonios de lo que
está haciendo Dios a través del devocional.
¡Qué bendición!
A mi familia inmediata que es tan especial
y me prestan varias horas para poder escribir:
mis princesas y mi esposo. Por último, no puede faltar el
agradecimiento a todos y cada uno de los que
tuvieron que ver con la edición, diseño,
ventas y, como es lógico, a los directivos,
por haber acogido este nuevo proyecto.

Los bendigo,
Claudia Pinzón

Introducción

¡Hola, amigo!

Doy gracias a Dios por haberme permitido una vez más llegar a ti con este nuevo libro que tiene el compromiso de acompañarte durante estas cincuenta y dos semanas del año.

Los temas de actualidad que aquí encontrarás, no solo te llevarán a reflexionar, sino que podrás meditar acerca de tu vida, de tu relación con la familia y, lo más importante, tu vida espiritual.

Todos deseamos ser mejores seres humanos y sabemos que vivir en medio de este mundo difícil lleno de guerras, conflictos y desastres naturales, nos roba muchas veces la paz y el gozo.

Durante el recorrido a través de este libro, tendrás momentos *a solas con Dios*, donde podrás entregar mediante tu oración todo lo que decidas cambiar o simplemente reforzar en tu relación con Él.

He descubierto que cuando nos arrepentimos sinceramente y nos presentamos ante Dios, experimentamos su perdón, su sanidad, su liberación y la restauración de nuestras vidas como sus hijos.

Este versículo bíblico lo escogí para dedicarlo a todos mis lectores, ya que habla de lo que Dios anhela que hagamos y nos muestra lo que Él está dispuesto a hacer si cambiamos y nos arrepentimos de corazón:

Si se humillare mi pueblo, sobre el cual mi nombre es invocado, y oraren, y buscaren mi rostro, y se convirtieren de sus malos caminos; entonces yo oiré desde los cielos, y perdonaré sus pecados, y sanaré su tierra.
2 Crónicas 7:14, rv-60

Al final del libro encontrarás un espacio donde registrar las cosas maravillosas que hará Dios en tu vida y en la vida de tu familia.

Comencemos, pues, este viaje juntos, donde aprenderemos, creceremos y, lo más importante: *¡Tendremos momentos a solas con Dios!*

Recuerda, Dios quiere bendecirnos y desea que seamos prosperados en todo, así como prospera nuestra alma (lee 3 Juan 2).

Te animo y te reto a que le creas a Dios.

Semana 1
Radicales en Cristo

*Fijemos la mirada en Jesús, el iniciador
y perfeccionador de nuestra fe.*

HEBREOS 12:2

En estos últimos tiempos, Dios me ha mostrado lo grato que es para Él que seamos radicales en nuestra vida espiritual.

Vivimos en un mundo donde, en muchas ocasiones, estamos a punto de caer en la contaminación de las personas que nos rodean. Incluso, las que dicen conocer de Dios, tienen maneras tan diferentes de llevar su Palabra y sus vidas, que sus acciones nos hacen dudar de sus creencias. Es evidente que tendremos momentos y situaciones que nos harán dudar y nos harán pensar. Aun así, esto nos llevará a tomar decisiones, como la que tomé yo un día, de ser *radical en Cristo*.

Quiero que a través de este nuevo libro, y en este nuevo año, tu manera de servir, de buscar la presencia de Dios y de orar sea diferente. Mi deseo es que logres comprender que siempre será una bendición estar firmes en Dios. Es más, aunque el mundo se te caiga encima, aunque eso signifique muchas veces renunciar o perder en apariencias, siempre tendrás el respaldo de Dios.

Dios permite que nos encontremos con toda clase de personajes a fin de medir nuestra madurez.

¡Cuánto quisiéramos no tener que vivir esa clase de desafío y evitar la desilusión y la traición! Sin embargo, esto es imposible. No podemos estar en una caja de cristal. La realidad es otra y Dios nos permite vivir esas experiencias para que siempre tengamos en cuenta que Él es el único que no cambia, que nunca falla y que estará con nosotros hasta el fin del mundo.

La noticia que debo darte es que aunque estemos rodeados de gente que tenga nuestra misma fe, aunque trabajemos directamente para Dios en un ministerio o iglesia, vas a encontrar personas que te desilusionarán. He llegado a la conclusión de que hasta Dios permite que nos encontremos con toda clase de personajes a fin de medir nuestra madurez y probar nuestra convicción... ¡así que no podemos fallarle!

No quisiera que pases un año más haciendo promesas de ser un verdadero cristiano. No quiero que leas otro libro donde, personas como yo, te inviten al cambio. En realidad, tú sigues siendo la misma persona variable e inestable que se mueve en la vida por conveniencia. Llegó el momento de hacer un alto y decir: «Ya está bueno... voy a cambiar y no dejaré que nadie me manipule. Le creeré a Dios y solo lo seguiré a Él».

Quizá en esta semana se te presenten momentos en los que te sientas frustrado por problemas familiares, noticias que te hagan dudar, situaciones que te harán sentir ganas de salir corriendo o por problemas en tu trabajo debido a compañeros que tal vez te saquen de quicio. Por eso, mi invitación es a que reflexiones en que la solución no es pelear, ni maldecir, sino en que mengües y dejes que Dios pelee esa batalla en tu lugar.

Recuerda, esta es mi advertencia de siempre: Ser radical te va a poner en circunstancias que no estás acostumbrado a enfrentar. Te verás cara a cara con individuos que un día fueron tus amigos y hoy no pasan de ser conocidos. A pesar de eso, cuando vuelvas la vista atrás, descubrirás que lo que tuviste que dejar es lo mejor que pudiste haber hecho y que ha valido la pena ser un *radical* para Dios.

Mi oración

Amante Dios:
Esta es nuestra primera oración del libro y es el primer paso para cambiar y comenzar una vida radical en ti.

Mi Dios, quiero pedirte con todo mi corazón que seas tú el que me lleves de la mano y me enseñes cómo serte fiel a ti y tu Palabra, Señor, que aunque esté rodeado de personas que no te conozcan, siempre pueda distinguirme.

Necesito tu ayuda, pues sola no podré. Este mundo está tan corrupto que es difícil sobresalir, pero sé que lo lograré con tu ayuda.

Padre, aunque se presenten situaciones que me pondrán en aprietos, que me dolerán, que me harán pensar una y otra vez qué hacer, te pido que siempre pueda serte fiel a ti y no a ningún interés en particular. No permitas jamás que venda ni cambie mi fe. Quiero agradarte a ti, no a ningún hombre.

Dios mío, guarda mi corazón de tanta maldad y de tanto orgullo. Permíteme ser sensible a tu voz y obediente a tu Palabra.

Presento esta semana delante de ti para que me acompañes en mis decisiones, en mi trabajo, en mi estudio. Ayúdame a ser la mejor madre y la mejor de las hijas. Incluso, ayúdame a ser diferente a fin de que la gente que no me conoce pueda ver en mí a Jesús.

Guíame, Señor, para hacer tu voluntad. Hazme fuerte en medio de mi debilidad para que siempre te pueda dar el primer lugar a ti.

Te amo con todo mi corazón y me entrego a ti en cuerpo y alma.

En el nombre de Jesús, amén y amén.

(Ahora escribe con tus propias palabras
tus debilidades y haz un pacto con Dios
para cambiar. Además, repásalo cada
vez que sea necesario. A medida que
vas logrando cambios, ¡qué lindo es que
puedas testificarlo!).

Tu oración

_____
_____
_____
_____
_____
_____
_____
_____
_____
_____
_____
_____
_____
_____
_____

Semana 2
¿Qué es ser radicales en Cristo?

Si permanecen en mí y mis palabras permanecen en ustedes,
pidan lo que quieran, y se les concederá.

JUAN 15:7

[TESTIMONIO]

Nunca sabemos las cosas que Dios tiene reservadas para nosotros. El año pasado, cuando al parecer todo iba bien en mi vida y acababa de celebrar veinte años de vida profesional, de recibir reconocimientos hermosísimos en el ámbito comunitario, promocionando con éxito el libro devocional *Un día a la vez*, teniendo tiempos muy especiales de oración con los oyentes de la radio y creyendo que todo marchaba sobre ruedas... *¡Pumba!* TODO cambió de un día para otro. Una situación me llevó a otra, y otra a otra. Entonces, cuando me di cuenta, estaba fuera de la radio y sorprendida por completo debido a lo ocurrido.

Los días pasaban y seguía sin trabajo. Es más, no tenía casi ninguna comunicación con mis oyentes, ni con mis ex compañeros de trabajo. Así que mi corazón se entristeció a tal punto que un día, con lágrimas en los ojos, le dije a Dios: «Señor, no entiendo lo que me está pasando, pues en tu Palabra me dices que eres mi Abogado y que me harás justicia».

Enseguida, mi Dios me regaló el Salmo 37, y aunque aún no comprendía muchas cosas, vi que Él tenía el control de la situación. En el proceso, aprendí muchas cosas. Una vez más vi que al único que debo servir con todo mi corazón es a Dios y que Él es el único que NUNCA falla.

Hay momentos en tu vida en que deberás decidir a causa de Jesús.

Muchas veces nos juzgarán, criticarán, señalarán, cuestionarán y hasta se burlarán de nosotros por ser cristianos. Por lo tanto, es ahí donde debemos mostrar si somos radicales y, luego, pararnos firmes en nuestros principios y en nuestra vida en general a fin de defender nuestra causa pase lo que pase. Parece increíble, pero antes de que experimentara esta época de desafíos, ya la Editorial y yo habíamos decidido que este libro debía llevar oraciones. Eran tantos los testimonios relacionados con la oración que se daban por la radio en la mañana, que sentimos lo hermoso que sería mostrarlos ahora en este libro.

En ese tiempo, también experimenté mucho pesar, pues nos duele cuando dudan de uno, de nuestra palabra y hasta de nuestro trabajo. Sin embargo, me di cuenta que mi Dios lo permitió con un propósito que entendería más adelante. Recuerda, para los que amamos a Dios, ¡todas las cosas nos ayudan a bien!

Hay momentos en tu vida en que deberás decidir a causa de *Jesús*. Aun así, para ser radical tienes que poner en práctica lo siguiente: *Sé siempre el mismo. No cambies porque otros sean diferentes. Sé la misma persona en la casa, en el trabajo, en la iglesia y en la calle. Logra que tus palabras estén de acuerdo con lo que haces. No seas un tibio espiritual, como esos que le creen un día a Dios y el otro dudan de su Palabra. No hagas algo que sabes que no le agrada a Dios. Aunque tu mejor amigo lo haga, tú no debes hacerlo. De esa manera, mostrarás que eres diferente.*

Esto, como todo en nuestra vida espiritual, es una decisión. En mi caso, decidí cambiar y lo hice. ¿Y tú? ¿Pasarás otro año dejándote llevar como las olas del mar de aquí para allá o buscarás más la ayuda de Dios? La decisión está en tus manos.

Mi oración

Señor Jesús:

Gracias te doy por haberme hecho tu hija, por poder comprender tu amor incondicional y tu gracia que me sostiene y me da la fuerza que necesito para enfrentar cualquier situación.

Te agradezco, mi Dios, que en medio de la crisis, la enfermedad y el problema, tú estás ahí escuchándome, consolándome, guiándome y mostrándome que tienes el control.

En tu Palabra nos dejaste escrito que en el mundo tendríamos aflicción, pero nos recuerdas que debemos confiar porque tú venciste al mundo. Además, me muestras que mi socorro viene de ti y que ninguna arma forjada contra mí prosperará, pues aunque caigan mil y diez mil a mi diestra, a mí no llegarán. También me revelas que exhibirás mi justicia como la luz del mediodía.

Son tantas las promesas hermosas y reales, mi Dios, que quiero tenerlas siempre presente, en especial cuando me juzguen, persigan y las cosas no estén a mi favor.

Mi Dios, dame el valor y la fuerza para seguir adelante, poder perdonar y dejar atrás lo que no viene de ti.

Quiero ofrecerte, mi Jesús, cada lágrima derramada por esta situación y cada noche en la que no pude conciliar el sueño por la preocupación. Asimismo, deseo ofrendarte cada recuerdo que me trajo dolor y decepción. Sobre todo, hoy quiero agradecerte la manera en que me animaste y permitiste que viera por medio de las personas que no estaba sola en esta situación, que tú me amabas y tenías planes grandiosos para mí.

Todo esto te lo pido en el nombre de Cristo, amén.

Escribe tu oración a Dios y pídele que te
ayude a ser radical para Él.

Tu oración

Semana 3
Beneficios de una persona radical

No temas en nada lo que vas a padecer [...] Sé fiel hasta la muerte, y yo te daré la corona de la vida.

APOCALIPSIS 2:10, RV-60

Sin duda alguna, vivimos en un laboratorio permanente. Aprendemos muchas cosas que Dios nos enseña a través de los mensajes, las predicaciones y su Palabra. Como ves, todo es muy bonito e ideal, pero tarde o temprano eso que aprendimos se pondrá a prueba en el laboratorio de nuestra vida. Por eso sigo afirmando: «Soy un ratoncito de laboratorio en las manos de Dios».

Es tremendo ver que cada vez que estoy cómoda y tranquila, algo sucede y me saca de mi zona de comodidad. Sé que a nadie le gusta estar plácidamente en un lugar, quizá en un confortable sofá, estirado cuan largo eres, con un buen aire acondicionado (para los que vivimos en tierra caliente), viendo tu programa favorito y que, de pronto, se vaya la electricidad por dos horas o llueva mucho. Así que empiezas a desesperarte, y lo que estabas disfrutando, se acaba de repente. Este es un ejemplo muy sencillo de lo que me ha pasado a mí... ¡Ja, ja, ja!

Dios me libra, me respalda, siempre hace justicia y me coloca en lugares de privilegio.

Sin embargo, cuando me refiero a ser firme en todo momento, significa que aunque no estés de acuerdo, aunque no sea lo que quieras, aunque vengan cambios a raíz de tu decisión y se afecte todo lo que te rodea y entres en un proceso de cambio, nada ni nadie te debe robar tu paz y tu gozo.

En su Manual de Instrucciones, Dios habla muy fuerte de los hipócritas, de los de doble ánimo, de los impíos, de los fariseos, de los tibios, de los de perverso corazón, del chismoso y en un momento dice: «Te vomitaré de mi boca» (Apocalipsis 3:16, RV-60). Esto nos permite ver con claridad que a Dios le molesta que no seamos firmes. Por eso, cuando dedicamos el tiempo y leemos el libro de Proverbios, en especial, vemos cómo es el fin de cada una de las personas que aparecen en esta lista. Aun así, también resalta que el final de los sabios, humildes, rectos, justos y prudentes será victorioso y siempre alcanzarán el favor de Dios y su galardón en el cielo. Esto lo he podido comprobar en mi propia vida desde que decidí ser radical. Dios me libra, me respalda, siempre hace justicia y me coloca en lugares de privilegio.

En esta semana, mi mayor deseo es que podamos pedirle al Señor en oración que nos ayude y nos permita ver qué aspectos deben cambiar en nuestra vida. Además, que nos muestre dónde somos muy débiles a fin de ser conscientes de que si esas debilidades no se llevan sujetas a la voluntad de Dios, nos harán caer una y otra vez.

Dile hoy a Dios que quieres cambiar de verdad. Conversa con Él y ábrele por completo tu corazón. Aunque ya conoce tus pensamientos, para Dios es muy importante escucharte decir que necesitas de Él y de su ayuda. Te aseguro que Dios te dará una nueva oportunidad y, con ella, la prueba para analizar tu corazón. Esto no se debe a que no te quiera ni a que dude de tu compromiso. Esto se debe a que necesitamos que nos prueben y, así, fortalecernos en esa necesidad de cambiar.

Mi oración

Amado Jesús:

Te doy gracias porque tu Palabra me libera y ahora entiendo los beneficios de ser una persona agradable a tus ojos. Gracias, mi Señor, porque veo con claridad lo que piensas de quienes no obedecen tu Palabra. Aunque a veces no entiendo los procesos que me has permitido vivir, veo que todos han sido para bien.

Quiero entregar mi vida entera a ti. Quiero hacer un compromiso y un pacto de cambio solo por honrar tu santo nombre. Por lo tanto: *Renuncio a ser hipócrita, así que seré siempre la misma persona en todo lugar. Renuncio a tener doble ánimo, entendiendo que hay momentos de dolor en la vida, pero que siempre seré como tú quieres que sea.*

Renuncio a ser una persona impía o falsa. Renuncio a ser una persona tibia, esa que un día cree en ti y al otro duda de tu Palabra. Renuncio a ser una persona perversa y te prometo que no meditaré en la maldad, ni procuraré el mal para nadie, aunque me hayan ofendido.

Renuncio a ser inmoral, pues tú estás en todas partes y tus ojos están en mí. Renuncio a ser una persona injusta, pues sé que me medirán con la medida que midan a otros. Renuncio a la mediocridad, pues me creaste para dar el mejor fruto. Renuncio a lo que no proviene de ti.

Te doy gracias, Señor, por esta nueva oportunidad de rendirme a ti. Y te prometo que aprovecharé cada momento para hacer cambios radicales y duraderos en mi vida.

En el nombre de mi amado Jesús, amén y amén.

Escribe tu oración a Dios y pídele que te ayude a ver los beneficios que recibes cuando eres radical para Él.

Tu oración

_____

_____

_____

_____

_____

_____

_____

_____

_____

_____

_____

_____

_____

_____

_____

_____

_____

_____

Semana 4
La integridad

A los justos los guía su integridad;
a los falsos los destruye su hipocresía.

PROVERBIOS 11:3

S i buscamos la palabra «integridad» en el diccionario, su significado es tan claro como el agua. Solo por mencionar algunos de sus sinónimas, considera las siguientes palabras: Honradez, rectitud, entereza, honestidad, decencia, lealtad, honorabilidad, limpieza, etc.

Ser una persona de limpio corazón es un reto para toda la vida. Sé que todos tenemos momentos en los que nos resulta más fácil ser deshonestos. Incluso, hacemos cosas por no quedar mal con los demás.

Para los que decimos ser cristianos, el reto es más fuerte en especial, pues conocemos a la perfección lo que haría Jesús en cualquier situación en la que esté en juego la reputación y el testimonio. Sin embargo, a veces eso no tiene el peso suficiente. Así que puede más la mentira, el engaño, el robo, la falsedad, la duda, las malas influencias y los malos amigos... y terminamos metiendo la pata una y otra vez.

Con la ayuda de Dios, este año vamos a procurar salir airosos de esas situaciones que se presentarán y donde tendremos en las manos la decisión de ser *íntegros* o no. En caso de que tomemos la más dura que es no serlo, debemos prepararnos para las consecuencias. Sí, todo lo que hacemos traerá consecuencias sobre nuestra vida, ya sea que las deseemos o no.

Como Dios nos ama tanto, nos da la libertad de tomar nuestras propias decisiones. Por eso Él nos dejará el espacio y el tiempo para que hagamos lo que creemos que debemos hacer y espera que no le desilusionemos. No obstante, si hacemos lo indebido, recogeremos cosas terribles para nuestra vida y las vidas de quienes nos rodean.

La falta de integridad mancha tu hoja de vida ante Dios y los demás.

La falta de integridad mancha tu hoja de vida ante Dios y los demás. Por más que nos arrepintamos de lo que hicimos, siempre quedará esa sensación de que fuimos falsos y de que no actuamos como Él nos manda. La otra cara de la moneda es que puedes contar con los dedos de las manos las personas que reconocen sus errores y piden perdón. Esta clase de testimonio es muy escasa.

Creemos que es más fácil callar, hacernos los locos, creyendo que nadie sabe lo que hicimos, pero se nos olvida que cuando somos hijos de Dios, Él nos delata ante los demás y nos deja al descubierto para que no haya duda de nuestra falta de carácter.

Por eso, amigos, con las cosas de Dios no se juega. Para ser íntegros se necesita carácter y ser firmes en la vida de modo que nos lleven a rechazar lo que sabemos que está mal, lo que está turbio, lo que no está bien cuando lo traes a la luz de la Palabra. No vendas tu integridad a ningún precio, levanta tu rostro y date tu lugar.

En los últimos tiempos, he comprobado que la puesta en práctica de los principios de vida alegra el corazón de Dios. Además, esto les sirve de ejemplo a tus hijos cuando les digas: «Mira, me pasó esto y pude haberme quedado callado o pude haber hecho algo deshonesto en mi trabajo, pero no lo hice por mi Jesús».

Esta es una satisfacción santa que te llena de paz y te da la seguridad que vendrá el respaldo de Dios. Así que piensa antes de actuar, pues vas a tener miles de situaciones en las que estarás, como dicen, en jaque... Ahora, te pregunto: «¿Qué harás? ¿Se te irá la vida pensándolo?».

Mi oración

Dios mío:

¡Qué difícil se torna en ocasiones morir a los deseos, a las decisiones, las amistades, los trabajos, las costumbres, las actuaciones, las respuestas, las influencias y demás cosas, Señor! Cuando se nos presenta todo esto, no sabemos qué hacer. Así que muchas veces terminamos haciendo cosas que desgarrarán tu corazón de dolor, pues no ponemos en práctica lo que necesitamos en realidad.

Dios mío, este año quiero que me ayudes a ser diferente. Permite que mi sí sea sí y mi no sea no. Ya sé que te lo he pedido muchas veces y no cambio, pero esta vez quiero ser también radical en esa parte tan importante de mi vida: *Ser una persona íntegra.*

Ayúdame, mi Jesús, a influir en el mundo con mi vida, que mi testimonio sirva de ejemplo tanto para los conocidos como los desconocidos y que pueda enseñarles a otros los beneficios de ser así. Permite que pueda demostrarle al mundo que se puede cambiar, se puede ser diferente, fiel, recto, honesto y se puede llevar tu nombre en alto.

Gracias porque me das este año una nueva oportunidad de cambiar y comprometerme contigo primero, y después con los demás, que nada ni nadie me hará cambiar y mucho menos volver atrás.

Ayúdame, mi Dios, a recordar todos tus beneficios, lo que has hecho por mí y de dónde me has sacado y librado tantas veces. Permite que no sea una ingrata y que pueda cuidar de mí y de mi familia.

Te lo ruego en el nombre de Jesucristo, amén y amén.

Escribe tu oración a Dios y pídele que te ayude a ser íntegro para Él.

Tu oración

_____

_____

_____

_____

_____

_____

_____

_____

_____

_____

_____

_____

_____

_____

_____

_____

_____

_____

_____

_____

_____

_____

Semana 5
La vida continúa

He aquí que yo les traeré sanidad y medicina; y los curaré,
y les revelaré abundancia de paz y de verdad [...]
y los restableceré como al principio.

JEREMÍAS 33:6-7, RV-60

Si analizamos nuestra vida, vemos con claridad que muchas veces creemos que el mundo se nos acaba. Hasta pensamos que ya no tiene sentido continuar. Así que deseamos desaparecer y no enfrentar el dolor, el despecho y la soledad. Es tan grande ese vacío que nos preguntamos: «¿Podré continuar?».

Muchos de mis oyentes y lectores me cuentan con gran dolor que se sienten solos, vacíos y perdidos. Lo más preocupante es que casi todos conocen la Palabra de Dios, pero están tan encerrados en sus problemas que no encuentran la salida. Incluso, algunos piensan que volver a sus antiguos hábitos o vicios los hará olvidar sus problemas, sin saber que caerán más hondo aun. Otros pelean con su creencia y deciden no volver a confiar en nadie ni nada sabiendo que cavan su propia tumba.

Pues sí, mis queridos amigos, les quiero decir que nos toca seguir adelante, recoger los pedazos de la vida, los recuerdos, los momentos difíciles y mirar al cielo y clamar por un oportuno socorro que, como dice la Biblia en el Salmo 121:1-2, viene de Dios.

Aunque lo que veamos a nuestro alrededor sea oscuro... tú y yo sabemos que debemos confiar en Dios.

El pasaje bíblico de esta semana, Jeremías 33:6-7, aclara muy bien que Dios es el único que puede curar tus heridas, darte felicidad y traer sanidad para cualquier clase de mal. ¿Alguna vez has pensado en que es Papá hablándonos y prometiéndonos que saldremos adelante? Aunque nuestra vida esté hecha pedazos, Él promete recoger los trozos, pegarlos y dejarnos nuevos de paquete.

Lo más triste es que no entendemos lo grandioso de este ofrecimiento y lo despreciamos. Así que decidimos arreglarlo a nuestra manera. En esos momentos, me imagino la carita triste de Dios al ver que lo hemos despreciado.

Amigos, la vida nos traerá sorpresas. Tú y yo debemos siempre tener presente que nuestro cristianismo no nos apartará de los problemas. En cambio, debemos luchar con más fuerza y fe por nuestras promesas y nuestros sueños.

Es probable que esta semana la comenzaras satisfecho y feliz. Quizá no tengas grandes preocupaciones y todo marche bien... así que eso nos alegra a todos. Sin embargo, sin ser negativos ni pesimistas, algo puede cambiar con el paso de los días, las semanas o los años. Ahí es cuando en verdad se prueba nuestra madurez espiritual.

Me gusta mucho la forma en que Dios dice en su Palabra que al principio nos parecemos a los bebés y comemos como bebés, pero después debemos crecer y madurar en nuestro andar cristiano. Mi recomendación es que pase lo que pase la vida continúa. No nos desanimemos, ni nos entreguemos al dolor. En los momentos de dificultad, de problemas y de tormentas es cuando más firmes debemos estar en nuestra fe. Aunque lo que veamos a nuestro alrededor sea oscuro... aunque las noticias sean desalentadoras y las circunstancias parecieran que no van a desaparecer, tú y yo sabemos que debemos confiar en Dios.

En esos momentos debemos recordar las veces que Dios ha estado a nuestro lado. Debemos tener presente las ocasiones en que nos ha sacado adelante y que jamás nos ha dejado solos con nuestros problemas. En fin, siempre nos ha dado la salida porque nos ama. Por favor, creámosle a Él.

Mi oración

Jesús:

Perdónanos porque una vez más hemos dudado. Nos hemos dejado llenar de temor, de pensamientos negativos y le hemos dado espacio a la duda, a la ira y a la frustración.

Señor, aunque conozcamos tu Palabra, a veces es difícil aplicarla, sobre todo cuando llegan los problemas o no vemos brillar el sol en nuestra vida.

Perdónanos, porque en vez de buscar de ti, hemos acudido a otras cosas y personas que no nos han dado solución a nuestro problema. Las drogas, el alcohol y los malos hábitos nos han hecho olvidar por unos momentos, pero después viene la soledad, la amargura y la culpa.

Sin embargo, hoy queremos pedirte con humildad que nos ayudes a seguir adelante. Que nos ayudes a saber que la vida continúa y que de nuevo saldrá el sol. Que la sonrisa volverá a nuestro rostro y, al volver la vista atrás, seremos testigos de lo que haces por nosotros.

Gracias, Dios mío, por tus promesas. Gracias porque curas mis heridas y con tu amor y ternura llenas mi corazón de paz y alegría. Y hasta puedo volver a reír y volver a soñar.

Este mundo no es fácil, pero sabemos que tú eres nuestro eterno refugio. Así que entregamos esta semana en tus manos para que nos guíes en cada decisión, para que nos llenes de sabiduría en el trabajo y en la familia. Además, queremos tu aprobación en todo lo que hagamos y saber que vamos de tu mano. No nos dejes caer en tentación y líbranos del mal.

Esta semana me dispongo a aplicar esta enseñanza a mi situación. También me comprometo a creerte, a buscarte con más pasión y dedicación y a leer tu Palabra sabiendo que me hablas directamente a mí. Te amo y te bendigo.

En el precioso nombre de Jesús, amén.

Escribe tu oración a Dios y dale gracias porque puedes confiar en que Él está de tu parte y nunca te abandonará.

Tu oración

Semana 6
La fidelidad de Dios

Fiel es Dios, quien los ha llamado a tener comunión
con su Hijo Jesucristo, nuestro Señor.

1 Corintios 1:9

No sé si puedas afirmar que «Dios es fiel», pero yo sí lo compruebo día a día. He visto que la traición, el engaño, la mentira, la infidelidad, la calumnia y la falta de respeto están a la orden del día. Encontrar a alguien sincero por completo, ser nosotros mismos rectos del todo, se ha convertido en un verdadero reto. No sé si es que hemos perdido los valores que nos enseñaron nuestros padres o si se nos olvidaron los principios del reino que nos presentaron en algún momento. No entiendo si lo que está escrito en la Palabra de Dios ya perdió el valor o solo no le damos la seriedad que requiere.

Qué triste es ver que asistamos a conferencias, leamos un montón de libros de motivación, asistamos a todas las actividades de la iglesia y que hasta leamos la Biblia, a veces nosotros mismos no apliquemos nada de lo que decimos. Es como si nos hubiésemos vuelto inmunes al pecado y a la mentira.

¿Sabes, amigo? Los cambios en mi vida me han obligado a ampliar mi horizonte. El asunto es que como hablo con muchas personas, he sentido un dolor muy grande en mi corazón por la manera en que tomamos decisiones. Incluso, hacemos comentarios que les hacen daño a otros, sin tener en cuenta que esas críticas se convierten en piedras de tropiezo para personas que buscan una relación más profunda con Dios o solo quieren ser más espirituales.

Tú solo preocúpate por agradar a Dios, pues de las demás cosas se encargará Él.

Reflexionemos en el porqué del problema. ¿Qué pensará Dios de esa maldad? Si lo analizas, vemos que se nos olvida que a pesar de que «todo camino del hombre es recto en su propia opinión» hay un Dios justo que «pesa los corazones» (Proverbios 21:2). Un Dios que conoce cada uno de nuestros pensamientos. Un Dios que se duele con nuestros comentarios y actitudes, y que se cansa también de los que hacen maldad. Así que un día, como dice su Palabra en el Salmo 37:13, «se reirá» de ellos «porque ve que viene su día».

Por favor, meditemos en esta semana acerca de quiénes somos en verdad, qué hacemos con nuestra vida y con la vida de cada una de las personas que están a nuestro lado. Además, consideremos si somos buenos ejemplos para nuestros hijos, la familia, la iglesia y los compañeros de trabajo y de estudio.

Si hemos recibido la influencia de alguna amistad negativa, examinemos nuestro corazón. A mí me parece muy hermoso influir para bien en alguien. Por lo tanto, debemos ser personas dignas de imitar y debemos poner en práctica cada uno de los principios que nos permiten que esto sea una realidad en nuestra vida. Si por el contrario, estás cansado de ser tan bueno debido a que la gente te ha pagado bien por mal, no te desanimes. Tú solo preocúpate por agradar a Dios, pues de las demás cosas se encargará Él.

Mi oración

Dios mío:

La primera cosa que queremos decirte es que nos perdones, Señor, por todas las cosas que ves, todas las cosas que escuchas, por todas las cosas que hacemos a escondidas y por todo lo que sabemos que entristece tu corazón.

Hoy, quizá después de esta meditación, nos enfrentamos a una verdad: Tenemos que cambiar, pues no podemos seguir como vamos. Comprendemos que todo lo que hemos hecho tiene consecuencias que nos alejan de ti.

Señor, por favor, danos una nueva oportunidad y ayúdanos a cambiar por completo. De ahora en adelante, queremos ser buenos ejemplos de tu amor y servir de edificación para todos los que nos rodean, a fin de que quieran seguir el modelo de nuestra vida.

Señor, hoy nos queremos comprometer a ser personas rectas en todas las esferas de nuestra vida. Te prometemos que ante cualquier tentación clamaremos a ti y te daremos el primer lugar en nuestra vida.

Líbranos, Padre, de las malas amistades y las influencias negativas. Ayúdanos a ser fuertes en ti para no dejarnos llevar por las presiones de este mundo y a no participar de las cosas que te desagradan. Te rogamos que de ahora en adelante podamos ser hombres y mujeres que nos paramos firmes y nos distinguimos en este mundo.

Padre, ayúdanos a buscar más de ti, a leer más tu Palabra, a tener momentos de intimidad contigo. Que podamos valorar que tú eres fiel y eres paciente, pero también eres un Dios justo del cual no nos podemos burlar.

Bendice nuestra vida y la de nuestra familia y, por favor, acompáñanos en todo lo que tengamos que hacer durante esta semana. Gracias, Dios mío.

En el nombre de Jesús, amén y amén.

Escribe tu oración a Dios y pídele que te ayude a comprender su fidelidad en cada momento de tu vida.

Tu oración

_____

_____

_____

_____

_____

_____

_____

_____

_____

_____

_____

_____

_____

_____

_____

_____

_____

_____

_____

_____

_____

Semana 7
Cambios drásticos

En este caso les aconsejo que dejen a estos hombres en paz.
¡Suéltenlos! Si lo que se proponen y hacen es de origen humano,
fracasará; pero si es de Dios, no podrán destruirlos, y ustedes se
encontrarán luchando contra Dios.

HECHOS 5:38-30

Durante la promoción de mi libro *Un día a la vez*, me tocó presenciar cómo la vida nos sorprende con cambios repentinos. Con esto no me refiero a las diferentes situaciones que Dios permite que tengamos a fin de trabajar en nuestras vidas y en nuestras familias.

Quiero que entiendas que Dios no se equivoca. Él nos conoce desde que estábamos en el vientre de nuestra madre. Sabe los cambios que viviremos y las pérdidas que tendremos. Conoce nuestro futuro, pues Él lo trazó. Así que nada lo sorprende. A Dios le sorprende la manera en que actuamos, herimos y les mentimos a otros. ¡Eso sí sorprende a un padre que confía en su hijo!

En otras oportunidades te he dicho que Dios sabe lo que nos conviene y nos deja vivir esos *cambios drásticos* que no solo afectan a una persona, sino a todos los que nos rodean. En cuanto a esos cambios, quiero mencionar los de dos familias bellísimas que representan muchos otros casos.

Dios es Dios y no se equivoca. Recuerda que Él sabe todo lo que viviremos.

En estas dos familias la situación fue la misma: Casos de inmigración que los llevó a una salida obligatoria del país. ¡Qué duro es saber que en una de las familias deportaron primero a sus hijos! Esos jóvenes, criados en Estados Unidos, tuvieron que llegar a un país extraño, sin amigos y sin el idioma. Esto causó lágrimas, oraciones y muchas preguntas sin respuestas...

En el caso de la otra familia, en una semana se enteraron que debían abandonar los Estados Unidos. ¿Sabes lo que eso significa? ¿Comprendes la presión del trabajo, las escuelas de los hijos, el auto, las deudas, los compromisos y los amigos? Lo que es peor, ¿sabes lo que es tener que irte aunque ores y ayunes?

Esto lo narro con mis propias palabras, pero solo puedo imaginar lo difícil que es morir a nuestros sueños, explicarles a los pequeños lo que pasa y a la fuerza asimilar un cambio de vida. He visto que en casi todos los que tienen su mirada puesta en Dios, aunque es igual de traumático, hay una confianza y una esperanza en lo que Él hará. Es más, sabemos que Dios lo permite porque siempre tiene planes perfectos de bienestar y algún día entenderemos el porqué lo consintió.

¿Estamos preparados para esos momentos? ¿Hemos pensado cómo reaccionaríamos si nos tocara a nosotros? ¿Nos enojaremos con Dios? ¿Seremos nobles y sensibles a su voluntad? ¿Nos alejaremos de Él porque lo permitió o aprenderemos de esta situación? La decisión es nuestra. Y así como estas familias viven hoy en Colombia y Perú, tú y yo podríamos enfrentar un cambio drástico esta misma semana.

Solo me resta decirte que Dios es Dios y no se equivoca. Recuerda que Él sabe todo lo que viviremos. Tratemos en todo momento de estar preparados, pues no tenemos nada garantizado en esta vida, excepto la vida eterna, si tenemos a Jesús en nuestro corazón.

Por más fuertes que sean los cambios, concentrémonos en lo que Dios nos enseñará y pidámosle que nos dé la confianza, la humildad y la sabiduría para enfrentar cualquier reto. Además, seamos los valientes que vistan siempre la coraza de la *fe*.

Mi oración

Señor:
Ten misericordia de nosotros. Sabemos que nuestra vida está en tus manos y allí estaremos seguros.

Sin embargo, mi Dios, cuando hay cambios, por alguna razón se esconde nuestro gozo, la tristeza llena nuestro rostro, nos persiguen las preguntas y no nos deja dormir la preocupación, pues no tenemos control de lo que sucede. Quisiéramos, Señor, aprender de verdad a descansar y a confiar en ti, conociendo que los cambios son buenos, que en medio de la preocupación estás tú y nunca nos dejarás solos.

Te pedimos por nuestros amigos y familiares, y hasta por los que no conocemos, que están viviendo esa cruda realidad de la deportación y que sus procesos de inmigración se encuentran estancados. Te rogamos por una reforma migratoria que favorezca a tantos hispanos en los Estados Unidos, de modo que muy pronto las familias se puedan reunificar y disfrutar de ese núcleo familiar formado por ti.

También te damos gracias por los cambios positivos que nos has permitido tener. Quizá sea un nuevo trabajo, un aumento de salario, una nueva relación, un nuevo hijo o cualquier otra bendición que nos hayas enviado.

Colocamos en tu altar toda nuestra vida, nuestros sueños, problemas, preguntas, enfermedades y cualquier situación que podamos estar experimentando.

Todo esto te lo pido en el nombre de Jesús, amén.

Escribe tu oración a Dios y pídele que te ayude a enfrentar los cambios de la vida con la seguridad de que Él sabe lo que es mejor para ti.

Tu oración

Semana 8
Estar quieto... es quieto

Quédense quietos, reconozcan que yo soy Dios.

SALMO 46:10

E ste capítulo es bien especial para mí, porque cuando vivimos cualquier situación y queremos que Dios obre, le pedimos que nos responda o que nos respalde en lo que creemos que es lo mejor. En cambio, Dios nos dice: «Quédense quietos». Así que tratamos de decirle: *¿Por qué tengo que esperar? ¡Haz algo ya!* Entonces, si no actúa, lo cuestionamos y decimos: *¡Dios no me escucha, no me quiere!*

Si analizamos el versículo de esta semana, nos damos cuenta que «todo» está a nuestro favor. La primera parte nos asegura que en tiempo de angustia, de problemas, de cualquier circunstancia, no es bueno actuar y menos por nuestra cuenta. ¡Hay que estar quietos! Sé que es muy de humanos querer hacer la justicia con nuestras propias manos. Aun así, nuestro Padre sabe que podemos terminar mal, que el remedio puede ser peor que la enfermedad.

Luego, para nuestra tranquilidad, el pasaje bíblico no se queda ahí. De inmediato nos alienta diciendo: «Reconozcan que yo soy Dios». Estas palabras son muy poderosas, fuertes y alentadoras, pues nos muestran que Dios está de nuestro lado y que es el Abogado que siempre va a hacer justicia.

Dios está de nuestro lado y es el Abogado que siempre va a hacer justicia.

Confieso que aunque te escribo estas palabras para animarte, para mí tampoco ha sido fácil cuando me he encontrado en esta situación. A decir verdad, la quietud hasta cierta manera me molesta. Algo que me caracteriza es que no me quedo quieta porque no me cansa el trabajo, ni los quehaceres del hogar, ni necesito dormir mucho. De modo que las veces que me ha tocado estar quieta, también ha sido un desafío para mí. ¡Y para qué hablar del tiempo que duré fuera de la radio! Esta etapa se me hizo eterna...

Como estaba acostumbrada a una rutina de trabajo, ese tiempo me parecía interminable. Incluso, a veces oraba: «Señor, permite que se resuelva cuanto antes lo de mi trabajo». Entonces, recordaba sus palabras: «Quédense quietos».

Aplicando esto a todos los que leen este libro, puedo decirte que cuando Dios nos pide que estemos quietos, tenemos que obedecerle. Por eso, no debemos intervenir, ni tratar de manipular, ni manejar las cosas a nuestra forma. Sin duda, lo que más nos conviene es que Dios obre.

¿Qué hacemos para que esa espera no nos desespere? En ese tiempo, debemos vivir confiados en Dios, buscando siempre su dirección, así como el consejo de personas con nuestra misma fe. Si nos unimos a gente negativa, cometemos un grave error, pues nos harán dudar de la victoria o nos darán desánimo con su negativismo. Es más, la música y la televisión que veamos nos pueden afectar durante esa espera.

Creamos siempre que las cosas van a mejorar, solo porque Dios lo quiere así. Él nos ama y no puede querer jamás algo malo para sus hijos. Aun si no tienes una relación personal con Dios, sé que Él nunca buscará el mal para ti.

Si tus problemas son grandes, recuerda que Dios es mayor y más poderoso. Si fallamos, no seremos los primeros ni los últimos que lo harán. Si cometiste una falla muy grande y estás arrepentido de corazón, busca el perdón de Dios, levanta tu cabeza y prosigue a la meta.

Espero que esta semana sea de mucha bendición para ti. Además, ten presente que para Dios no hay nada que no se pueda resolver.

Mi oración

Padre nuestro que estás en el cielo:

Agradecemos desde lo más profundo de nuestro corazón tu soberanía y tu paciencia para con tus hijos. Muchas veces renegamos porque no entendemos tus tiempos, tus palabras, ni tus decisiones.

Hoy clamamos a ti para que nos guíes. Llénanos de sabiduría para tener siempre un recto proceder, para no cometer más errores cuando nos pides que solo estemos quietos. Sabes que no es nada fácil quedarnos quietos y esperar en ti, ya que pasan los días y los meses y queremos ver un cambio o una respuesta. Ilumínanos para no actuar según nuestro parecer.

En este momento declaro que descansaré en ti. También esperaré con paciencia como me lo pides, para darte la gloria y la honra cuando me muestres una vez más que eres Dios.

Entregamos esta semana en tus manos, el trabajo, las finanzas, los hijos y toda nuestra familia.

Bendice, Señor, a los que en verdad están pasando por momentos difíciles y traumáticos. Dales, Dios, la paz que solo tú puedes dar y acompáñalos para que puedan tener su mirada puesta en ti.

Gracias por todo lo que estás haciendo y gracias por todo lo que harás.

En el nombre de mi amado Jesús, amén y amén.

Escribe tu oración a Dios y pídele que te ayude a estar quieto cuando sea necesario, a fin de esperar en Él.

Tu oración

Semana 9
Solteros... ¡y sin compromisos!

Me deleito mucho en el SEÑOR; me regocijo en mi Dios.
Porque él me vistió con ropas de salvación y me cubrió con
el manto de la justicia. Soy semejante a un novio que luce su
diadema, o una novia adornada con sus joyas.

ISAÍAS 61:10

E ste lema resulta muy llamativo. Sin embargo, desde mi punto
de vista, y enfocándolo como siempre en la Palabra de Dios,
ser soltero en este mundo que vivimos *sí* requiere compromisos.
Quizá no para una mujer ni para un hombre, pero sí para Dios.

Bueno, quizá me digas: «¿Por qué mencionas a Dios en *todo*?».
Porque ese es mi deber. Con Dios a mi lado pude lidiar con la soltería.
Con Dios a mi lado pude sentir su amor. Cuando no me sentía amada,
Él fue el único que llenó todos mis vacíos. Fue mi Novio cuando no
tenía uno.

Mis amados solteros, ¡cuántas veces he escuchado decir que no
hay casi libros para ustedes! Incluso, a veces se sienten rechazados por
sus amigos que, casados o con parejas, hacen planes y no los tienen
en cuenta, o tu misma familia te insinúa que si sigues así, te quedarás

solterón. Lo que es peor, hasta en la iglesia te cuestionan debido a si puedes servir en algún ministerio por ser soltero.

Por eso quise en este libro apartarles un espacio y decirles que los comprendo. En varias oportunidades, tuve que luchar con mi soltería, aunque tenía hijas. Entiendo a la perfección lo que es la necesidad de tener compañía, de sentir cierto celo cuando vemos a alguien feliz de la mano de su cónyuge o dándose muestras de su amor.

Sin embargo, en esta semana quiero que reflexionemos que Dios no se equivocó contigo, ni te abandonó y te entiende más de lo que te imaginas. Sabe tus necesidades, tus anhelos, tus sueños y siempre, como lo he dicho en otras ocasiones, los cumplirá según su propósito.

Ahora, quiero que recuerdes algo que será motivador para ti. Jesús quizá fuera el soltero más cotizado de su época. Vivió treinta y tres años y fue el más popular, el más admirado. Aunque la Biblia no dice si tuvo tentaciones en esta etapa de su vida, a mí me hace pensar que sí. ¿Sabes por qué? Porque el Manual de Instrucciones nos relata que a Jesús lo tentaron en todo... ¡y para mí *todo* es todo!

Solo Dios sabe los planes que tiene con cada soltero. Si has sufrido por amor, sabes que hay momentos en los que decimos: «Es mejor estar solo que mal acompañado».

En mi caso, era la peor en conseguir una pareja idónea. Buscaba al hombre ideal que nunca llegaba. Si era guapo, era celoso o mujeriego. ¡No hay nadie perfecto! Así que me cansé de buscar y de equivocarme. Me cansé de sufrir por amor o por despecho. Cuando decidí ser una soltera radical, me enfoqué en mis hijas y en mi trabajo.

Esta semana te animo a que veas la cara positiva de ser *soltero*. Si quieres un consejo, te diré que no escojas la pareja. En oración y en intimidad con tu Padre celestial, dile lo que quieres para ese amor que esperas. A Dios le gusta que seamos específicos y Él tendrá en cuenta cada detalle. En segundo lugar, guárdate para esa persona especial. No caigas en la promiscuidad, no vale la pena. Si sabes esperar, sé que Dios te recompensará.

Solo Dios sabe los planes que tiene con cada soltero.

Mi oración

Querido Jesús:

Hoy mi oración va por todos los solteros que tendrán este libro en sus manos. Cada una de esas vidas tiene una gran necesidad, mi Dios. En muchos casos, han pasado por experiencias dolorosas y sus corazones están destrozados. Solo tú, Dios mío, has sido testigo de su soledad, su tristeza y sus lágrimas por no encontrar el amor.

Te pido, Padre, que les des de tu inmenso amor de modo que puedan tener la fuerza para huir de las tentaciones y esperar la persona que les mandarás en el tiempo perfecto.

Señor, protege a todos los solteros y llévalos de tu mano. No permitas que por ninguna razón tomen decisiones equivocadas de las cuales se puedan arrepentir más tarde.

También ayúdalos de modo que puedan llevar cautivos los deseos que experimentan a tu obediencia. Y tú, que eres tierno y justo, los premiarás. Enséñales el privilegio de estar disponibles las veinticuatro horas del día para ti.

Te lo ruego en el nombre de Jesucristo, amén.

Escribe tu oración a Dios y pídele que te
ayude a esperar en Él y que te enseñe a
disfrutar cada etapa de tu vida.

Tu oración

Semana 10
Por favor, piensa antes de actuar

Porque nada de lo que hay en el mundo —los malos deseos del cuerpo, la codicia de los ojos y la arrogancia de la vida— proviene del Padre sino del mundo. El mundo se acaba con sus malos deseos, pero el que hace la voluntad de Dios permanece para siempre.

1 JUAN 2:16-17

Amados, pensemos antes de actuar. Aunque esta semana quiero unirme una vez más a los solteros y llevarles una palabra de aliento y de esperanza, creo que esto se ajusta a *todos*. Si pensamos antes de actuar, nos libraremos de muchos dolores de cabeza.

Conociendo bien la Palabra (eso creo), muchas veces me digo: «Claudia, ¿cómo pudiste decir esto o hacer esto?». Entonces, me siento culpable enseguida porque sé que actué mal o hablé más de la cuenta.

Sin duda, «el que mucho habla mucho yerra» (Proverbios 10:19). Así que, mujeres, debemos tener en cuenta que nosotras hablamos demasiado. Aunque no quiero ser así, cuando actúo de cierto modo, me doy cuenta que volví a ser *parlanchina*, como nos dicen a las mujeres, sobre todo los esposos o los hijos.

Ahora bien, uniendo esto a la semana anterior donde reflexionamos acerca de disfrutar la soltería, hay que tener presente otra cosa: *Debemos*

A Dios no le agrada que estemos con alguien por placer, despecho, necesidad, malas amistades e influencias.

pensar antes de actuar. ¡Una respuesta puede ser determinante! No te involucres con personas que no amas o que no tengan tu fe solo por la soledad, pues vas a estar mal. Con esto me refiero a quienes se unen a otros no cristianos pensando que los harán cambiar de opinión. No obstante, después de casados, de seguro que no podrás obligar a nadie a que piense como tú. Además, ¿qué me dices si te equivocas y te das cuenta que esa no era la persona con la que te debías casar? ¿Qué harás ahora? Ya será tarde y, gracias a tu error, peor será el daño que le causarás a mucha gente. Estar mal casado o estar con la persona equivocada será una carga muy pesada de llevar.

Te hablo como amiga y como una mujer que muchas veces pensó después de actuar y que se llevó por delante a quienes más quería. A Dios no le agrada que estemos con alguien por placer, despecho, necesidad, malas amistades e influencias, pues es posible que pensaras que después podrías abandonar esa relación o ese amigo con derecho, a lo que le llamo *amigovio.*

Mujeres casadas frustradas con sus esposos, cansadas de sus humillaciones o falta de atención, ¡mucho cuidado con las decisiones que toman! Ojo con las venganzas o con salir con «amiguitos». Esto es muy peligroso, ya que puedes terminar muy mal. (Esto se ajusta también a los hombres).

Quizá digas: «Claudia, ¿por qué hablas así?». Bueno, es triste, pero me equivoqué de ese modo. Para los que conocen mi testimonio (si no lo conoces, te invito a leer mi libro *Un día a la vez*), saben que terminé muy mal, muy sola, decepcionada de los hombres, burlada y con un vacío peor.

Reflexiona esta semana acerca de tus decisiones, planes, proyectos y propuestas. Pídele a Dios que te ayude y te confirme si esa persona con la que te relacionas es la que tiene para ti.

Ahora, pensemos en todo lo que hacemos y que no le agrada a Dios. Tengamos presente cuál debe ser nuestra posición como sus hijos. Ah, y por favor, *pensemos antes de actuar,* no seamos impulsivos, ni nos dejemos llevar por las emociones.

Mi oración

Mi Dios:
Nos unimos este día en oración para entregarte una vez más esta semana que comenzamos hoy con nuevas oportunidades y nuevos retos por alcanzar. No queremos que nada, Señor, nos aleje de hacer tu voluntad, sino que, por el contrario, podamos actuar con sabiduría. Ayúdanos, por favor, a ser obedientes y a estar dispuestos a escuchar tu voz para no equivocarnos.

Pongo delante de ti toda mi soledad, toda falta de amor, todos los sueños que me faltan por alcanzar, todos mis fracasos amorosos del pasado. Guíame a entender que si estoy soltero, es una linda condición y que tú, en cambio, llenarás ese lugar y me darás tu amor y tus cuidados.

No dejes que me convierta en una persona amargada y mucho menos víctima. Ayúdame a entender que nadie tiene la culpa de mis frustraciones, ni de mi soltería. Además, Señor, no permitas que culpe a los que están a mi lado por lo que estoy viviendo.

Por último, Dios mío, permite que pueda disfrutar la vida con lo que tengo, que aunque esté «solo» y sin pareja, el mejor aliado, amigo, padre y consejero eres *tú*.

Bendícenos durante esta semana laboral. Por eso dejamos delante de ti todas nuestras necesidades, problemas y sueños. Padre, descansamos en ti.

En el precioso nombre de Jesús, amén y amén.

Escribe tu oración a Dios y pídele que te ayude a pensar antes de actuar de modo que siempre puedas hacer su voluntad en todo.

Tu oración

Semana 11
El desafío del amor:
Primera parte

[El amor] todo lo disculpa, todo lo cree, todo lo espera,
todo lo soporta. El amor jamás se extingue.

1 CORINTIOS 13:7-8

No puedo generalizar diciendo que para todos el matrimonio es un desafío y algo que quizá no hubieran deseado vivir jamás. Sin duda, muchos hubieran preferido ser solteros siempre. Otros rescatan la felicidad de ser padres solteros, pero no quieren la vida en pareja. Por último, hay otro grupo donde me incluyo yo. En nosotros, el matrimonio y la convivencia nos ha dejado un sabor amargo y, como en mi caso, hemos vivido el drama de uno o dos divorcios, aunque sé que hay personas que llevan muchos más.

Aunque me pongo como representante de quienes ven el matrimonio como un reto, no me malinterpretes. Esto no es por falta de amor. Solo que la convivencia es un desafío. Somos personas muy independientes, por lo que nos puede costar más trabajo dar explicaciones. Aun así, no es que deseemos hacer algo malo, sino que podemos llevar la vida solos por completo.

Ah, me imagino que más de uno se identifica conmigo. No es que no nos guste vivir en pareja, sino que hemos sufrido tanto en el amor que,

*¿Estás
seguro que
la persona
con la que
te quieres
casar es la
que Dios
quiere
para ti?
¿Es la
ideal para
tu vida?*

sin darnos cuenta, nos creamos una caparazón de defensa. Es más, casi todas somos mujeres que fuimos víctimas de violencia doméstica. Por eso no queremos sufrir ni que nos lastimen, de ahí que estemos siempre a la defensiva.

Repito, represento un grupo de hombres y mujeres que en el amor no ha tenido las mejores experiencias. Así que el matrimonio es todo un reto y una lucha por mantenerlo. Se trata de pedirle al Señor que nos llene de paciencia, amor y poder para ver a esa persona como la ve Dios y aceptarla con todos sus defectos aunque nos molesten. Lo mismo es válido para la pareja.

Por favor, si eres soltero y nunca te has casado, no quiero espantarte. Contrario a lo que me ha tocado ver y vivir, mi consejo es uno y muy serio: *¿Estás seguro que la persona con la que te quieres casar es la que Dios quiere para ti? ¿Es la ideal para tu vida? ¿Tiene tu misma fe?* Aquí quiero detenerme un poco. Si tu pareja no tiene tu misma doctrina, será un problema después. No creo en esas historias que muchos cuentan: «Cuando me case, le cambio y le hago ir a la iglesia». Esto es falso. Vivir con alguien que no teme a Dios, o no vive sus principios, te traerá problemas.

También debes tener en cuenta que esa persona sea responsable. Si estás en una situación similar a la mía cuando me casé, pues era madre soltera con tres hijas, asegúrate que esa persona quiera y respete a tus hijos. Este aspecto es muy serio, ya que si te sale una persona que después maltrata a tus hijos o les hace la vida imposible, sufrirás de igual manera.

Hay que tener mucha sabiduría a la hora de escoger pareja. Recuerda que durante el noviazgo todos somos espectaculares y mostramos lo mejor... Luego, como digo a menudo, *sacamos las uñas.* Me atrevería a decirte que si no ves luz verde para casarte, no lo hagas. No es justo que después el matrimonio se convierta en una carga tan pesada en tu vida que termines agotado. En el próximo capítulo te cuento por qué a estas enseñanzas las llamé «El desafío del amor».

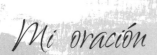

Mi oración

Amado Padre:
Te quiero agradecer la oportunidad tan bella que me das de poder tener este medio para testificar de mi vida, mis experiencias y mis sufrimientos. Gracias por permitirme dejarles un mensaje edificante a las miles de personas que leerán este libro.

Esta semana, Dios mío, hablamos del desafío del amor y sé que muchas personas están pasando por graves problemas matrimoniales. Incluso, han estado al borde de la desesperación, han estado a punto de renunciar a todo y dejar ese pacto que un día hicieron delante de ti. Sé, mi Dios, que muchos matrimonios necesitan de tu intervención *hoy*. Por favor, Señor, dales paz y permite que este libro sea una guía para que quizá detenga una tragedia. Delante de ti dejamos los matrimonios que caminarán la milla extra poniendo todo de su parte para ser felices.

Señor, ayúdanos y danos la fuerza que se necesita para seguir adelante. También ayuda, Señor, a los que tienen ese anhelo de casarse para que puedan descansar en ti y esperar en el tiempo perfecto. Por último, Señor, dales mucha sabiduría a las parejas jóvenes.

En el nombre de Jesús, amén.

Escribe tu oración a Dios y pídele que te dé la sabiduría que necesitas para tomar decisiones sabias en cuanto al amor.

Tu oración

_____
_____
_____
_____
_____
_____
_____
_____
_____
_____
_____
_____
_____
_____
_____
_____
_____
_____

Semana 12
El desafío del amor:
Segunda parte

*Y ahora permanecen la fe, la esperanza y el amor, estos tres;
pero el mayor de ellos es el amor.*

1 Corintios 13:7-8

No sé si es común o no que un autor en su propio libro hable de otro libro y, además, lo recomiende, pues en este mundo aún existen la envidia y la competencia. Sin embargo, eso no va conmigo. Sé que Dios nos da a cada uno talentos y nos usa de manera única. Bueno, el punto es que el título de esta semana viene de una película y un devocional. La película en español se llama «Prueba de fuego» y el devocional se llama «El desafío del amor». Por eso dije al comienzo que no sabía si era normal, pero hoy le recomiendo a toda pareja que vea la película y que tengan juntos el devocional.

En esta semana te invito a que tomes decisiones serias respecto a tu matrimonio. Si estás leyendo este libro y te sientes identificado, sorprende a tu pareja, alquila la película que tiene una muy buena traducción al español y compra el devocional. Ora y pídele a Dios que te dé la gracia para que tu pareja se anime y se den una nueva oportunidad.

Sé que muchos hombres y mujeres sueñan con un hogar sano y feliz donde puedan convencer a su cónyuge para que vean juntos esta

Ora y pídele a Dios que te dé la gracia para que tu pareja se anime y se den una nueva oportunidad.

película. Sin embargo, le temen al rechazo y a la burla de sus parejas por el hecho de ser creyentes. Por eso decía en el capítulo anterior lo importante que es la vida espiritual en pareja. Los problemas vienen cuando no hablamos lo mismo, ni creemos lo mismo, ni podemos orar juntos, ni congregarnos en el mismo lugar, ni servir unidos, ni tener esa bendición de saber que ese esposo ora por ti y tú por él.

Quizá tú no creas esto y te respeto, pero no puedo hablar de nada en esta vida si no pongo a Dios en primer lugar. Y con todo y eso, aún el matrimonio sigue siendo para mí un desafío diario. Sé que no soy una persona fácil, pues soy estricta y muy perfeccionista. Me gusta todo con excelencia, así que soy demasiado diligente y a veces me molesta que mi pareja no vaya al mismo ritmo mío. Esto también es malo, pues no todo el mundo puede ser como queremos.

Ahí viene la aceptación que es la de amar a esa persona con todo y sus errores, sus malos hábitos, y pedirle a Dios a diario pasar al otro lado. No enfocarse solo en los defectos, si no ver las cosas lindas y buenas que algún día te enamoraron. He escuchado sobre todo quejas de mujeres que dicen: «Ay, Claudia, es que mi esposo cambió desde que nos casamos. Durante el noviazgo, era muy tierno, muy especial, muy detallista... pero ahora llega a casa y ni un beso me da. Ni siquiera en la intimidad me da un beso apasionado».

¿A qué se debe todo esto? A que cambiamos cuando nos casamos, a que esa gran mayoría de las parejas no se vuelve a tomar jamás de la mano para caminar, ni vuelve a salir solos una noche. Así que es muy sencillo que se les acabe el entusiasmo, la pasión y pasen enseguida de la etapa de la conquista a la de posesión. Que pasen a controlar y a dominar hasta en la vida íntima. Además, quieren tener el control absoluto. Sin duda, esto hiere, lastima, cansa, y si no hay temor de Dios de por medio, el matrimonio durará lo mismo que un merengue en la puerta de un colegio.

No hay nada más hermoso que ver a una pareja feliz al cabo de muchos años de matrimonio. Para mí es un ejemplo, así como vivirlo es un gran desafío.

Mi oración

Jesús:

Te damos gracias por las personas que usaste para hacer la película «Prueba de fuego» y así mismo dejar ese devocional tan lindo y de tanta bendición. Gracias porque solo tú puedes hacer estas cosas e inspirar a otros para ayudar a los matrimonios que están al borde del abismo.

Permite, Dios mío, que muchas parejas puedan recurrir a ti y encuentren la solución a sus problemas. Que puedan dejar todo orgullo y aceptar si necesitan ayuda.

Ten misericordia de nosotros y perdónanos por el mal testimonio que damos muchos de los que decimos ser cristianos y no hacemos lo que tú nos mandas.

Quita, Señor, todo obstáculo que se interponga en la reconciliación de las parejas que hoy han comprendido que sí se puede salir adelante con tu ayuda.

Bendice también a las parejas que no tienen problemas, a fin de que sean de ayuda para otros.

Protege, oh Dios, nuestras familias y nuestros hijos que son víctimas de las malas relaciones de sus padres.

Todo esto te lo pido en el nombre de Cristo, amén y amén.

Escribe tu oración a Dios y pídele que te ayude a aceptar el desafío del amor de una manera que lo honre siempre a Él.

Tu oración

Semana 13
Lobos vestidos de ovejas

Señor, guíame en tu justicia por causa de mis enemigos;
allana delante de mí tu camino.

Salmo 5:8, lbla

Hace un tiempo vi en un correo electrónico una foto de un lobo vestido de oveja que me impactó. Era un insulto que le hicieron a una persona de mi familia donde le decían, sin palabras, hipócrita. Me dio mucha tristeza cómo ella reaccionó, pues que alguien que conoces te haga este tipo de cosas y en una página pública, no es de buen gusto. Eso quedó en mi corazón y de ahí nació esta enseñanza. Lo que no sabía era que a los pocos días yo viviría algo que describe esa imagen.

La foto era de un lobo echado. Sobre su cuerpo, sin cubrirlo todo, tiene un disfraz de oveja. En la cabeza del lobo se veía la tierna carita de una ovejita y sobre el resto del cuerpo el de la oveja. La lección para mí fue de alerta. Hay personas así en todas partes: en los trabajos, en la calle, en la iglesia, en las amistades y, lo más triste, en la familia.

Es lamentable que en este mundo en el que vivimos sea muy común encontrar personas que aparentan ser nobles, buenas, bien intencionadas y que hablen en el nombre de Jesús. Al final, vemos que con sus actitudes y palabrerías ocultan a los lobos que llevan dentro y que solo buscan el momento para atraparte y utilizarte.

Esto no es nuevo, toda la vida han existido. Sin embargo, a veces cuesta verlo en ciertas personas. Entonces, cuando esas personas *sacan las uñas*, nos dejan impresionados y pensando: *¿Cómo puede haber gente tan mal intencionada? ¿Cómo pudimos estar a punto de que nos atacaran y traicionaran?*

Esas personas de las que estamos hablando utilizan cualquier cosa cuando se trata de hacer daño y desearán sacar provecho para sus empresas y hasta para sus propias vidas.

Moraleja: No permitas que nadie pisotee tu nombre ni que nadie te manipule. Cuando no sientas paz con una persona, con un trabajo o en cualquier situación, solo pídele a Dios que te saque de dudas y Él, que es soberano, lo hará. Tampoco tomes la venganza por cuenta propia. Eso te hará más daño. En cambio, debemos aprender a cuidarnos y a darles consejos a nuestros hijos que son tan inocentes. Entonces, con consejo y oración, les abriremos sus ojos a la realidad de este mundo. Claro, no quisiéramos que sean tan desconfiados que no puedan creer en nada ni nadie. Sin embargo, estos consejos y advertencias los podrán liberar de relaciones nocivas.

La Biblia es hermosa, es fascinante leerla y aprender de ella, porque trata todos estos temas de la vida, y de una manera tan sabia y única nos aconseja cómo debemos actuar. ¡Ánimo! Demostrémosles a esas personas que también existe otra clase de gente con valores en la que se puede confiar.

La Biblia es hermosa, es fascinante leerla y aprender de ella.

Mi oración

Dios mío:

Tú sabes que lo que conté es nada más que la verdad y que le puede haber pasado a muchas personas que estarán a punto de ser defraudados, engañados, robados o manipulados.

Solo te pido que así como me guardaste y me protegiste del maligno, lo hagas también con cada uno de tus hijos. No permitas que la inexperiencia, la inocencia, la humildad, la necesidad y la falta de malicia lleven a tus hijos a caer en estas trampas que colocan miles de lobos disfrazados de ovejas para enredar, utilizar y manipular.

En cambio, Dios, guíanos, muéstranos cada día el camino a seguir. Dame dominio propio para rechazar cualquier propuesta que no sea ética y ayúdame a mantenerme recta ante ti.

Si te he fallado, si he hecho cosas que te han ofendido, te pido perdón por mí y por cada uno de los que hoy leen este libro y que se sienten indignos al buscar de ti por su pasado. Dales, Señor, la paz en medio de la angustia y asegura sus corazones a una nueva oportunidad.

Ofrecemos esta semana a ti. Protégenos, danos sabiduría y saca a la luz lo que está oculto.

En el nombre de mi amado Jesús, amén.

Escribe tu oración a Dios y pídele que
te revele todo lo que está oculto a fin de
identificar los lobos vestidos de oveja.

Tu oración

_____

_____

_____

_____

_____

_____

_____

_____

_____

_____

_____

_____

_____

_____

_____

_____

_____

_____

_____

_____

Semana 14
Principios cibernéticos:
Primera parte

¿No saben que ustedes son templo de Dios
y que el Espíritu de Dios habita en ustedes?

1 Corintios 3:16

No me considero una persona con grandes conocimientos de tecnología y lo poco que sé ha sido por mis propios medios. Aun así, tengo tres princesas que son ágiles en todo lo que se ofrece hoy en las redes sociales.

Varios amigos, y hasta mis hijas, me dijeron que debía tener *Facebook* o, de lo contrario, no estaría en nada. La verdad es que ha sido una oportunidad para comunicarme con personas a las que no tuve acceso durante años. Lo más importante es que para mí ha sido un instrumento para evangelizar, presentar mi libro, invitar a actividades y comunicarme con familiares, oyentes y lectores.

Quiero aclarar que no recomiendo que ustedes tengan *Facebook* ni que lo tengan sus hijos. Sin embargo, siempre he pensado que así como avanza la tecnología, nosotros debemos avanzar para que nuestros hijos no nos coman vivos, pues lo que no les enseñemos, lo aprenderán por otros medios.

Cuando hablamos de ser cristianos radicales, también lo debemos reflejar en las redes sociales.

Si les prohibimos de una manera drástica el uso de la computadora o de estos servicios, los tendrán fuera de casa, te lo digo por experiencia. Todos sus amigos tienen *Facebook* y pueden hacerlo a escondidas. Por eso les recomiendo que sean muy sabios. Nosotros les debemos definir las reglas que como hijos de Dios deben tener bien claras al usar esta tecnología, desde horarios, cuidados que deben tener con las fotos y la información que colocan para su propia protección.

En las noticias escuchamos que los jóvenes realizan actos sexuales mediante los celulares. No te escandalices... ¡pues niñitas de once y doce años les envían fotos desnudas a sus novios y viceversa! ¡Y sabrá Dios cuántas cosas más pasan con los celulares!

La Internet sin supervisión y sin principios del reino establecidos en nuestra vida y fundamentados en la vida de los hijos es un veneno. Por mencionarte algunos ejemplos, vemos que suceden violaciones, secuestros, robos, estafas, montajes de fotos, mentiras, chismes, traiciones... ¡y tú podrás como ejercicio terminar esta lista!

Sin embargo, cuando tú y yo sabemos que hay un Dios que está con su mirada puesta en nosotros las veinticuatro horas del día los siete días de la semana y que no duerme, la cosa es diferente. Además, sabemos que todo lo que hagamos, miremos, hablemos, escribamos y juguemos en Internet, no se lo podemos ocultar a Dios.

Mi pregunta es: ¿Estás dejando tus principios del reino? En otras palabras, ¿estás dejando a un lado lo que has aprendido de Dios? Recordemos que lo que Él estableció en la Biblia es para aplicarlo aunque estemos en Internet. También se debe considerar lo que se ofrece en *Facebook*. Quiero que sepas que cuando hablamos de ser cristianos radicales, también lo debemos reflejar en las redes sociales, los boletines electrónicos, las salas de charla, etc. Hasta debemos ser radicales en los mensajes que enviamos por los teléfonos celulares, la manera de expresarnos y hasta con quién nos relacionamos.

La próxima semana continuaremos en este interesante tema que estoy segura que Dios me inquietó a fin de comentárselo a ustedes.

Mi oración

Señor:

Nos unimos en oración para pedirte que nos perdones por haberte apartado para usar de manera indebida cualquiera de los recursos que hoy ofrece la tecnología.

Te pedimos por los que han caído en adulterio o en fornicación. Te rogamos por los que han caído bajo en el uso de estas páginas debido a que han olvidado tus mandamientos y principios, y entristecen tu corazón.

Te suplicamos que traigas a la memoria lo que hemos hecho y lo que nos ha pasado por la mente hacer y que por temor a ti no lo hemos realizado. Limpia nuestras mentes y permite que seamos ejemplo para los que no te conocen aún.

Como cada semana, entregamos la vida de los adolescentes y los adultos que son adictos a la Internet y los que están atados al juego o a la pornografía.

En el precioso nombre de Jesús, amén.

Escribe tu oración a Dios y pídele que te revele cómo estás en cuanto a tus principios cristianos y cómo modelas a Jesús hasta en la tecnología.

Tu oración

Principios cibernéticos:
Segunda parte

*Él reserva su ayuda para la gente íntegra
y protege a los de conducta intachable.*

PROVERBIOS 2:7

Esta semana mi reto contigo es que nos pongamos las pilas y veamos de verdad a qué nos prestamos cuando estamos en la Internet, en especial cuando usamos *Facebook*. En este sitio de redes sociales he podido ver lo que hoy te explicaré, gracias a una oyente allí. Entre paréntesis, no quiero que me taches de religiosa ni fanática. Si alguien va en contra de esto, esa soy yo.

Me ha extrañado ver en esta red social a pastores, líderes, ejecutivos y empresarios que solo por su manera de expresarse y sus fotos dejan mucho que desear. También veo mujeres que no cuidan su reputación, hombres comprometidos que coquetean con otras mujeres y jóvenes con fotos insinuantes que muestran más de la cuenta. En fin, si me entristece a mí que soy una simple mortal, ¿cómo se sentirá Dios?

Una oyente me habló de este título: «De cristiano a brujo virtual». ¿Qué nos pasa? ¿Acaso la Biblia no habla de que no debemos consultar adivinos ni hechiceros, ni debemos hacer juegos de azar? El Manual

*Si vamos
a tener la
valentía
de decir
que somos
diferentes,
no podemos
hacer lo
que hacen
los que no
conocen de
Jesús.*

de Instrucciones no tiene excepciones donde diga: «No consultes brujos, ni le eches la suerte a una persona, pero sí lo puedes hacer de manera virtual».

No se debe hacer... ¡y punto! Aunque el enemigo te ponga de una manera muy sutil estas cosas, aunque otros lo hagan, tú debes distinguirte. A decir verdad, para el corazón de Dios, es igual de desagradable que practiques el trébol de la suerte, las galletas de la fortuna, la máquina de la fortuna, las posiciones sexuales según tu signo zodiacal, las pruebas donde se ponen en evidencia tu forma de ser, el *chismómetro* por el que expones a otros que realizaron esta prueba a que los demás se enteren cuáles son, al parecer, sus fantasías sexuales y con quiénes las tienen.

Debemos comprender que cada vez la vida ofrece más alternativas y podemos estar expuestos al pecado al igual que nuestros hijos. Así que, no me digas que enviar fotos insinuantes o con desnudos, o tener relaciones vía telefónica o con una cámara en tu computadora, no sea fornicación. No puedes imaginar siquiera que porque no hay contacto físico, pero sí visual, no estás pecando.

Con esto pretendo que reflexionemos y que le pidamos perdón a Dios por las cosas que quizá hiciéramos, que limpiemos nuestra vida ante el Señor y nos ubiquemos y cuidemos el testimonio. Distingámonos en este mundo. No tengamos en cuenta las cosas que están de moda. Aunque todo el mundo lo haga, tenemos el llamado a ser diferentes en todo. No podemos seguir jugando y usando el nombre de Dios en vano, ni tener corazones corruptos y podridos. Debemos cambiar y ese cambio es una decisión personal.

Estoy en Facebook y muchos me conocen... desde amigos de la infancia, familiares, mis hijas, los hijos de mi esposo, amigos de la fe, pastores, ministerios. Entonces, piensen por un momento en esto: ¿Cómo quedaría yo informando cuál es mi mejor posición sexual según mi signo zodiacal? ¡No, por favor, no caigamos tan bajo y dejemos de ser tibios! Si vamos a tener la valentía de decir que somos diferentes, no podemos hacer lo que hacen los que no conocen de Jesús.

Mi oración

Amado Dios:
Aquí estamos un día más ante tu presencia reconociendo nuestras faltas y pidiéndote una nueva oportunidad para cambiar. Perdona nuestras debilidades y ayúdanos a ser fuertes y valientes para luchar con cosas que contaminan nuestra vida. Sabemos que estamos siempre expuestos al mal, pero en cada situación tú nos darás la salida a toda tentación.

En esta semana, mi Dios, hacemos un pacto contigo. Hacemos un pacto de fidelidad primero a ti y después a nuestra familia y a nuestros hijos para cambiar y para renunciar a cualquier atadura que esté robando nuestra bendición.

Te entregamos el uso de nuestras computadoras y lo que escribimos, lo que vemos, lo que leemos, lo que recibimos, lo que comentamos, así como los celulares. ¿Quién pensaría, Señor, que deberíamos orar por las cosas que escribimos, enviamos, recibimos y hacemos? Sin embargo, reconocemos que te hemos fallado y nos hemos prestado para un mal uso de esos recursos.

Ayúdanos, Señor, a ser selectivos con nuestras amistades y con las personas que nos relacionamos. Además, permite que con tu gracia y tu favor podamos ser radicales.

Danos sabiduría para instruir a nuestros hijos y perdónalos, mi Dios.

Todo esto te lo pido en el nombre de Cristo, amén.

Escribe tu oración a Dios y pídele que
te ayude a cambiar hoy mismo, a ser
diferente, de modo que le agrades a Él.

Tu oración

Semana 16
Llenos de la plenitud de Dios

*Pido que, arraigados y cimentados en amor, puedan comprender
[...] cuán ancho y largo, alto y profundo es el amor de Cristo; en
fin, que conozcan ese amor que sobrepasa nuestro conocimiento,
para que sean llenos de la plenitud de Dios.*

Efesios 3:17-19

Para estar «llenos de la plenitud de Dios» se necesita conocerlo a profundidad. Y eso requiere estar «arraigados y cimentados en amor», tal y como nos dice el pasaje bíblico de hoy. Si definimos estas palabras, vemos que «arraigar» es echar raíces y «cimentar» es poner cimientos, establecer principios. Estas palabras tienen gran valor espiritual porque es lo que se requiere para conocer el amor de Dios.

En mi caso, tomó un tiempo entender, conocer y creer en el amor de Dios. Me costaba creer que me amara a pesar de mis faltas. Dudaba que me pudiera perdonar y que su amor fuera para siempre. A veces pensaba en cómo me castigaría cuando le fallara. Entonces, cuando tenía problemas y estaba en crisis, oraba, pero no estaba tan convencida de que Él me escuchara y atendiera mis necesidades. Pensaba cosas así: *Hay millones y millones orando, ¿por qué se va a fijar en mí si hay personas tan buenas y yo no lo soy?*

Lo único que quedará para siempre es el amor de Dios y sus promesas.

Todo esto continuó hasta el día en que comprendí que tengo preferencias como hija de Dios, que Él me ama y que lo es todo en mi vida. Por eso no importa si estoy sola, triste, feliz o saludable, pues estoy llena de la plenitud de Dios. Cuando no lo conocemos, cuando nos cuesta estar firmes en su Palabra y no hemos establecido principios, nuestra relación será superficial y dudaremos de lo que Él es capaz de hacer por cada uno de nosotros solo porque nos *ama*.

A menudo vemos situaciones difíciles no solo en nuestra vida, sino también en las de quienes nos rodean: Un despido del trabajo, una relación rota, un hijo en crisis, la hipocresía entre «hermanos» de fe hacen que nos llenemos de dolor, rencor y dudas. Incluso, en muchos casos, las personas culpan a Dios de todo lo que ven y de lo que les pasa. Por eso tengo que decirte que no es así, muchas de las cosas que vivimos son por nuestra culpa debido a decisiones que tomamos donde nunca tuvimos en cuenta la opinión de Dios.

¿Qué hace la vida diferente para los que estamos llenos a plenitud de Dios? La diferencia radica en que si vivimos esas mismas situaciones, nunca dudaremos de su amor, porque sabemos que es incapaz de enviarnos el mal y que, como Padre, sufre por el dolor de sus hijos.

Muchos piensan que llenarse del amor de Dios es leer libros y más libros, y estar horas y más horas en la iglesia. Sin embargo, a la hora de la verdad, a la hora de la crisis, no nos pasa por la mente confiar y esperar en Dios, como lo estudiamos en capítulos anteriores. Los problemas no dejarán de existir. La falsedad no desaparecerá. Lo único que quedará para siempre es el amor de Dios y sus promesas. Él nos ayudará en todo tiempo y nos levantará.

El secreto que me ha dado resultado es que decidí creerle a Dios en todo momento de mi vida. Aunque esté como esté, aprendí que Él no es circunstancial y que está siempre a mi lado para amarme, guiarme y ayudarme a seguir adelante.

En esta semana, ponte como meta creerle a Dios y nunca más dudar. Hazte el propósito en tu corazón de estar siempre a plenitud con Él. ¡Decídete hoy!

Mi oración

Amante Padre celestial:

Este es un año de retos, un año de ser radicales, de cambios. Aun así, sabemos que es difícil mantenerse. Por eso clamamos hoy a ti por ayuda y misericordia, pues sabemos que solo tú nos puedes dar la fuerza.

Señor, somos conscientes de que a nuestra vida llegarán cosas que nos robarán la paz, nos desilusionarán y tratarán de desviar nuestra mirada de ti. Sin embargo, hoy declaramos que eres grande y poderoso, nos amas con amor eterno y deseamos corresponderte y que te sientas agradado con tus hijos.

Te pedimos, Señor, que tengas misericordia de esas personas que nos han ofendido y que nos han lastimado. Perdónalas y perdónanos a nosotros por haber ofendido y humillado a otras personas.

En esta semana, queremos hacernos el propósito de conocerte mejor, a fin de que podamos estar arraigados y cimentados en amor a ti y en plenitud contigo. También decidimos no volver a dudar ni a alejarnos jamás de tu Palabra, y nos comprometemos a recibir siempre lo mejor para nosotros.

En el nombre de mi amado Jesús, amén.

Escribe tu oración a Dios y pídele que te ayude a estar lleno de la plenitud de Él, a fin de creerle en cualquier situación.

Tu oración

_____

_____

_____

_____

_____

_____

_____

_____

_____

_____

_____

_____

_____

_____

_____

_____

_____

_____

_____

_____

Semana 17
La otra mejilla

*Pero yo les digo: Amen a sus enemigos
y oren por quienes los persiguen.*

MATEO 5:44

Quizá parezca absurdo. Sin embargo, es bíblico el hecho de colocar la otra mejilla cuando nos ofenden. Así que esta semana analizaremos el porqué se requiere que entendamos este concepto y cuál es el propósito por el que Dios nos hace esta demanda.

En primer lugar, esto es una actitud de humildad que no tenemos por naturaleza. Al contrario, nuestra naturaleza humana es hacer justicia con nuestras propias manos, vengarnos, insultar, maldecir... ¡y sabrá Dios qué otras cosas se nos pueden ocurrir cuando nos sentimos así!

Quien no haya tenido que luchar con estas reacciones es digno de admirar, pues en la vida diaria habrá situaciones que nos harán bajar de la cruz, de esa linda vida espiritual donde hay paz, unidad y amor al prójimo. Lo que sí es cierto es que hay personas que nos llevan al límite y nos hacen perder la cordura, la paz y, en muchos casos, hasta los buenos modales.

Cuando me refiero a la otra mejilla, hablo de Jesús como el máximo ejemplo de humildad. Siempre caminó la milla extra cuando se burlaron de Él, lo ofendieron, lo calumniaron y lo traicionaron. Aun en momentos tan difíciles, nunca se defendió, a pesar de que tenía todo

Hoy quiero que recuerdes lo que Dios exige de ti y de mí debido a que sabe que necesitamos cambiar.

el poder para hacerlo, pues era el *Hijo de Dios*. Es posible que me digas: «Pero Claudia, ese fue Jesús, *a mí nadie me insulta*». Por eso, hoy quiero que recuerdes lo que Dios exige de ti y de mí debido a que sabe que necesitamos cambiar. Es más, no debemos ser orgullosos, pues Él no soporta la altivez y desea que lo imitemos en todo.

Poner la otra mejilla trae una bendición superior a la que nos podamos imaginar. Esto se debe a que la humildad refleja a Jesús, pues «el que se humilla será enaltecido» (Mateo 23:12), y no lo enaltecerá otro hombre, sino el mismo Dios.

Sé que ante las injusticias y las ofensas, lo que menos nos nace es responder con suavidad. Por lo tanto, lo más admirable es que cuando nos humillen, guardemos silencio. Eso será una bofetada santa, por decirlo de alguna manera.

Cuando le hacemos algo malo a alguien, lo primero que pensamos es en que nos delatarán o nos insultarán y se enterará todo el mundo. En cambio, cuando nos falla un amigo o nos hagan cualquier cosa que sea dolorosa y ofensiva, debemos ser humildes y entregarle esa situación a Dios.

Si le confesamos a Dios nuestros deseos de venganza y decidimos actuar como lo haría Jesús, créeme que es un triunfo espiritual. A la larga, veremos los resultados de una manera increíble, pues Dios puede actuar, defender y hacer esa justicia que necesitamos y nos colocará en un nivel superior. Así se refleja a Jesús, dejando desarmados por completo a los enemigos.

La Palabra de Dios dice: «Aprended de mí, que soy manso y humilde de corazón» (Mateo 11:29, rv-60). Con esto, debo aclarar lo siguiente: El asunto está en ser mansos, no *tontos*. Así que tú por ser humilde no debes permitir jamás que tu esposo te maltrate. Si es así, no cabe esta enseñanza. Al contrario, hay que romper el silencio. Por eso siempre les enfatizo esto a las víctimas de violencia doméstica.

Hagamos esta semana un gran esfuerzo y dispongamos nuestros corazones ante cualquier situación que se nos presente. Estoy segura que, con la ayuda de Dios, podremos ser humildes y poner la otra mejilla.

Mi oración

Señor:

Encomendamos esta semana a ti y te damos gracias por nuestro trabajo, por la familia y por todo lo que haces y harás en nuestras vidas.

Comprendemos que tú esperas que seamos imitadores de ti. Aunque es muy difícil ser como tú, necesitamos tu ayuda para poner la otra mejilla cuando sea necesario. De esa manera, podremos ser humildes ante las injusticias de la vida, confiando que tú eres nuestro Defensor y que en tus manos estaremos más seguros.

Quita, Señor, toda amargura de nuestro corazón, toda falta de perdón, toda sed de venganza. Ayúdanos a perdonar a quienes nos ofenden y a verlos con ojos de misericordia.

Cámbianos, Dios mío, queremos ser diferentes. Queremos ser imitadores de ti y sabemos que esto es un reto diario.

Declaramos, mi Jesús, una semana en la que controlaremos nuestro carácter y nuestro mal humor. Te prometemos no descargar con nadie ningún problema que podamos tener y te prometemos buscar más de ti.

En el nombre de Jesucristo, amén.

Escribe tu oración a Dios y pídele que te ayude a presentar la otra mejilla en cada situación que se requiera que seas humilde.

Tu oración

Semana 18
¿Está de moda ser ateo?

Y el testimonio es este: que Dios nos ha dado vida eterna,
y esa vida está en su Hijo. El que tiene al Hijo, tiene la vida;
el que no tiene al Hijo de Dios, no tiene la vida.

1 Juan 5:11-12

¡Qué triste me sentí cuando escuché una vez este titular en las noticias! Me quedé pensando en que muchas personas hacen las cosas por imitación. En verdad, no es cuestión de moda creer o no en Dios.

Para escribir esta meditación me tomé el tiempo para entrar a un foro en Internet. Entonces, me di cuenta que toda la gente que escribió del tema no tiene una razón válida para no creer en Dios. En lo que más coincidieron es en que prefieren no creer por la desilusión ante la iglesia y sus líderes.

Sin duda, esta gente ha perdido su fe por el mal testimonio de muchos que dicen ser creyentes. También su ateísmo se debe a pastores que les roban a sus congregaciones, de líderes que participan en actos repugnantes, de sacerdotes que maltratan de manera sexual a los niños... ¡y esto solo por enumerar algunas de esas tristes noticias!

Siempre habrá gente atea en este mundo y habrá personas que nunca reconocerán a Jesús como su Salvador. Sin embargo, no nos podemos conformar con esto y ser indiferentes. ¿Por qué? Porque

El sacrificio de Jesús en la cruz tuvo el propósito de morir por nosotros y salvar al mundo del pecado.

cuando conocemos la Palabra y tenemos a Jesús en el corazón, sabemos que al partir de este mundo estaremos ante su presencia para siempre. Además, los que no han aceptado a Jesús, su lamentable final será el infierno.

Con esto no pretendo meter miedo. Mi obligación como hija de Dios es que todos sepan esta verdad que los sacará de muerte a vida eterna. El mismo Dios nos encomienda esta gran labor diciendo que vayamos por el mundo y prediquemos las buenas nuevas de salvación (lee Mateo 28:19-20). Con su poder, Dios podría colocarle revelación a cada mente humana de una forma sobrenatural, y todos serían creyentes y salvos. Sin embargo, no lo hace así, pues desea que nosotros vayamos por el mundo llevando su Palabra.

No caigamos en la indiferencia de pensar en que como ya conocemos a Dios, no nos importa que el resto del mundo se pierda. Recordemos que el sacrificio de Jesús en la cruz tuvo el propósito de morir por nosotros y salvar al mundo del pecado.

Por último, tengamos en mente que siempre encontraremos personas que fallarán, pues no son Dios. Por eso, cuando comprendí que mi mirada debe estar en Él, decidí no alejarme nunca más de mi Creador, aunque sepa que otros no crean o se aparten de Él. En realidad, hay que confiar en el Señor, tal y como Él lo dejó escrito: «¡Maldito el hombre que confía en el hombre!» (Jeremías 17:5).

Creo que Dios es mi Salvador, perdona mis pecados, me prospera y bendice. Me ha sacado adelante con mis princesas, me ha llenado de su amor cuando he pasado por dificultades, me ha sostenido cuando no he tenido un trabajo estable. Nunca me ha faltado nada. Me sanó de la enfermedad... ¿qué más necesitaría para creer en Él?

Esta semana testifiquémosles a otros de la Palabra. Si el problema de incredulidad lo tienes tú, nos unimos en oración para que Dios te conquiste y nunca más dudes de Él. Además, si eres de los que no oran, que tu meta sea buscar de Dios. Estoy segura que esta vez sentirás su presencia y así comenzarás una relación con Él.

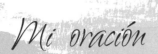 

Mi oración

Señor:

Mi oración esta semana es por todas esas personas que aún no te conocen o por las que debido a diferentes razones les cuesta creer en tu existencia. Te ruego por las personas que no han llegado a tus caminos, porque lo que han visto entre los mismos creyentes les han desilusionado de tal manera que han preferido permanecer indiferentes.

Dios mío, te suplico por cada una de estas personas que saben que eres Dios y que existes, pero están atrapadas en el pecado. Te pido que obres para que les conduzcas al arrepentimiento y puedan recibir el perdón y la libertad. Llénalos de amor y aumenta su fe, pero sobre todo dales entendimiento y que tu Palabra se revele en ellos.

También, mi Dios, intercedo por cada uno de nosotros. Pon en nuestros corazones el deseo ferviente de llevar tu Palabra a quienes no la conocen. Ayúdanos a dejar la indiferencia y el conformismo, y permítenos luchar contra esa triste y cruda realidad del ateísmo.

En el precioso nombre de Jesús, amén y amén.

Escribe tu oración a Dios y pídele que te
ayude a testificarles a otros de la Palabra.

Tu oración

Semana 19
¡Dios es lo máximo para mí!

Si tú vuelves la mirada a Dios, si le pides perdón al Todopoderoso, y si eres puro y recto, él saldrá en tu defensa y te devolverá el lugar que te corresponde. Modestas parecerán tus primeras riquezas, comparadas con tu prosperidad futura.

JOB 8:5-7

Tengo la seguridad de que durante la semana pasada muchos tuvieron experiencias preciosas con Dios, pues el reto era luchar contra el ateísmo y la indiferencia ante las cosas espirituales. Sé que cuando comienza una nueva vida como cristiano, muchas cosas cambian en nosotros. Aun así, tranquilízate, todas son para bien.

En estos días, quiero llevarte a que puedas reconocer que Dios debe ser lo máximo para ti, pues nada en este mundo podrá darte la felicidad, ni la paz que solo nos da Él. Esto lo entenderás cuando dejes de buscar en el mundo y en la gente lo máximo para tu vida.

Las personas cambian, el amor en algunos es pasajero y los trabajos son inestables. En muchos casos, los hijos son ingratos. Incluso, hoy tenemos dinero y mañana no. Así que al ver este panorama, reconocemos que lo más importante para nosotros debe ser Dios.

Hazte el propósito en tu corazón de valorar cada una de las cosas que Dios quiere para ti. Aparte de que te da la vida eterna, quiere bendecir toda obra de tus manos, guardarte de todo mal, pelear por ti, prosperarte y promocionarte. A Dios le interesa que seas *feliz* por completo y quiere verte pleno en Él. Así que no busques más tu felicidad en las mujeres, en sus cuerpos, en el sexo, en los hombres, en el dinero, ni en las drogas. No te refugies por error en lo que es pasajero.

No sabemos qué día moriremos, nos despedirán del trabajo o alguien romperá nuestro corazón. Es más, cada día vemos cómo cambia la vida: La muerte de un ser querido, un accidente... no sé. Con todo, lo que sí sé es que no estamos preparados para esos cambios repentinos.

Amigos, la vida nos da sorpresas y las preguntas del millón son las siguientes: *¿Estamos preparados? ¿Cómo vamos a reaccionar? ¿Qué actitud vamos a tomar? ¿Nos echaremos a morir? ¿Caeremos en la más profunda depresión?* Valoremos cada día que nos da Dios. Valoremos nuestra vida y todo lo que tenemos. Piensa que siempre hay personas en peores condiciones. Recordemos cada día las bendiciones que tenemos, desde la más simple hasta la más grandiosa. Disfrutemos la familia, los hijos, los amigos. Seamos mejores seres humanos y propongámonos ser mejores hijos de Dios. ¿Por qué tenemos que llegar a vivir una tragedia para reconocer a Dios en nuestra vida y suplicarle un milagro?

Esta semana nuestra meta es entender que el único que permanecerá para siempre a tu lado, si así lo decides, es Dios. Renuncia al orgullo y entrégate por completo a Él.

A mí Dios me ha llenado todas mis expectativas. Ha sido el mejor jefe que he tenido, mi mejor amigo, me ha complacido y consentido como a la niña de sus ojos. Y lo veo ahora extendido en mi familia, en mis princesas, en mi esposo. Tenemos situaciones, problemillas que nunca faltan, pero Él siempre está allí para consolarnos, para darnos el oportuno socorro y la respuesta a nuestra oración.

No cambiaría por nada ni nadie a Dios. Por eso declaro: «Dios es lo máximo para mí, con Él lo tengo todo».

A Dios le interesa que seas feliz por completo y quiere verte pleno en Él.

Mi Dios:
¡Qué hermoso es poder unirse como familia y buscar tu voluntad!

Gracias, Señor, porque estoy comprendiendo que no debo buscar mi felicidad en las cosas pasajeras, ni en las cosas materiales. Sé que esto no es fácil, pues siempre lo he hecho a mi manera. Aun así, hoy te prometo que empezaré a hacerlo y sé que tú me respaldarás en esta decisión.

Te pido, por favor, que quites de mí todas las cosas que te desagradan y me des ese convencimiento de que tú seas lo máximo para mí.

Dame la fuerza y la valentía para solo tener mi confianza puesta en ti y poder huir de todo lo negativo para mi vida. Dame sabiduría para encaminar a mi familia y para formar hijos que te amen y busquen de ti.

Quiero cambiar porque reconozco que me he lastimado y he salido con heridas cuando he puesto mi mirada y mi confianza en personas que después me han fallado.

Hoy confieso por fe que tú, mi Dios, eres lo máximo para mí y declaro que contigo lo tengo todo. Contigo soy más que *vencedora*. Podrán venir ataques contra mí, pero tú me defenderás y me darás la salida a cada situación.

Gracias, mi Dios, porque a pesar de mi indiferencia tú me perdonas y me recibes de nuevo en tus brazos.

Prometo poner todo de mi parte para tenerte siempre en primer lugar. ¡Te amo!

En el nombre de Jesús, amén y amén.

Escribe tu oración a Dios y reconócelo
como lo másimo en tu vida porque Él
siempre está a tu lado para ayudarte y
darte lo mejor.

Tu oración

_____

_____

_____

_____

_____

_____

_____

_____

_____

_____

_____

_____

_____

_____

_____

_____

_____

_____

Semana 20
Comprometidos de verdad

Así que sométanse a Dios. Resistan al diablo, y él huirá de ustedes. Acérquense a Dios, y él se acercará a ustedes. ¡Pecadores, límpiense las manos! ¡Ustedes los inconstantes, purifiquen su corazón!

Santiago 4:7-8

Si hablamos que Dios es lo máximo para nosotros, tal y como lo consideramos la semana anterior, sé que este tema parecerá un tanto espinoso. Sin embargo, créeme que es muy necesario, ya que es preocupante cómo ciertas personas van llegando a un punto que es el de querer burlarse de Dios y tratan de engañarlo. Es más, con nuestro comportamiento dejamos una pésima imagen y ejemplo a los que están a nuestro alrededor.

Como creyente, he fallado. En mi tiempo de necedad, viví una doble vida (este testimonio aparece en mi libro anterior). A pesar de eso, la gran lección que me dejó es para no volverlo a repetir jamás. Sé que fallaré en otras cosas como ser humano, pero en lo mismo... ¡no! De esta experiencia aprendí muchas cosas, como que el servicio al Señor es un compromiso. También aprendí que nuestra vida, como hijos de Dios, se debe tomar en serio y dejar de jugar a ser seres espirituales.

De esa prueba ya han pasado varios años y Dios me ha usado para llevarles el mensaje de restauración a muchos que creen que pueden seguir haciéndoles daño toda la vida a los demás. Con esto no quiero decir que no vayamos a fallar. Por favor, todos lo haremos en diferentes aspectos. Aun así, no podemos quedarnos en esa condición. En realidad, no podemos seguir usando títulos y rebuscando cargos para que nos reconozcan otros, ni exigirles respeto a los demás. A menudo, las vidas de algunas de esas personas están desordenadas por completo, pues hacen todo lo contrario a lo que dice la Palabra de Dios, desde adulterio, mentira, robo, manipulación, orgullo, envidia, contienda, chisme, etc.

No obstante, ¿sabes lo que más me preocupa? Lo que más me inquieta es que no haya arrepentimiento. Creen que porque Dios es un Dios que perdona, pueden manipular su Palabra y seguir haciendo lo que les dé la gana. Por favor, mi anhelo esta semana es llegar al cambio. Es dejar de jugar con Dios. Dejar de usar títulos que nos quedan grandes.

¡Qué pena y qué tristeza con Dios que tanto hombres como mujeres tengan una doble vida y más cuando están involucrados en la iglesia! Mi consejo es que no lo hagas. Yo lo hice y Dios me dio rienda suelta. No me di cuenta y fui enredándome en mi pecado. Entonces, cuando menos lo pensé, toqué fondo y lo perdí todo... matrimonio, trabajo, credibilidad. Por favor, ponle fin a lo que estás haciendo mal.

Por eso mi llamado es sobre todo para los que trabajamos en la obra de Dios. Deja de manipular a las personas. Mujer, deja de faltarle el respeto a tu esposo. Hombre, recuerda que ser cortés y valiente no te quita la autoridad, ni eres más hombre porque humilles a tu familia. Algo en lo que reflexiono, cuando tenga que darle cuenta a Dios, es en lo siguiente: *¿Quién puede burlarse de Dios?*

Hagamos el compromiso de vivir lo que tanto hablamos. Y si eres de los que no hablan, ¡qué lindo sería que tu carácter y tu familia reflejaran el amor que le tienes a Dios!

¡Que el Señor tenga misericordia de nosotros!

Hagamos el compromiso de vivir lo que tanto hablamos.

Mi oración

Dios mío:

Cuánto quisiéramos poder limpiar nuestra vida en un abrir y cerrar de ojos. Hoy tu Palabra nos lleva al arrepentimiento y nos deja una tristeza por la manera en que te hemos fallado. Todos somos pecadores, todos tenemos un llamado a vivir una vida recta y a ser testimonio, no piedras de tropiezo. Quebranta nuestras vidas, Señor, y que tu Espíritu Santo nos lleve a ese cambio que anhelamos todos.

En esta oración intercedo en especial por los sacerdotes, los pastores, las pastoras, los líderes, los mentores, los cantantes, los hombres y las mujeres en general.

Mi Dios, a todos los que un día creímos en ti y nacimos de nuevo, no nos permitas que sigamos manchando tu nombre. Rompe doctrinas falsas que predican ciertas iglesias. Desenmascara a los que hacen daño.

Permite que los esposos sean hombres de acuerdo con tu Palabra, que traten a sus mujeres con respeto y como a vaso frágil. Haz que las mujeres seamos una ayuda idónea de verdad. Que sirvamos de bendición para nuestros esposos y nuestros hijos.

Ayuda, mi Jesús, a los solteros que a veces viven de manera descontrolada y se involucran en relaciones dañinas o se enclaustran en su vida solitaria y permite que se sientan plenos en ti.

A los jóvenes, Señor, cuídalos y aléjalos de malas amistades e influencias.

Nuestra oración hoy es para que nos ayudes y nos transformes.

Todo esto te lo pedimos en el nombre de Jesús, amén.

Escribe tu oración a Dios y pídele que
te ayude a estar comprometido con su
Palabra de modo que tu vida refleje tu
amor por Él.

Tu oración

Semana 21
¡Vamos, sí se puede!

*Hagan lo que hagan, trabajen de buena gana, como para el Señor
y no como para nadie en este mundo, conscientes de que el Señor
los recompensará con la herencia. Ustedes sirven a Cristo el Señor.*

Colosenses 3:23-24

Sabemos que la vida no es nada fácil. Las noticias de nuestros países
que vemos en la televisión no son muy alentadoras. A veces nos
preguntamos: «¿Adónde iremos a parar?».

En esta semana tengo el compromiso de animarte y decirte en medio
de la situación en que vives: «Dios está contigo. No te ha olvidado».

Así que ahora quiero exhortarte a conquistar lo perdido, a darte una
nueva oportunidad para ser feliz y a entender que no eres el único que
tiene problemas. Sin embargo, con la ayuda de un Dios bueno, todos
podemos salir adelante. A fin de lograrlo, ten en cuenta lo siguiente:

Vive cada día como si fuera el último. Sácale el mayor provecho a
las horas. No pierdas el tiempo haciendo cosas, o dejando de hacerlas,
que después no las alcanzarás. Disfruta tu familia y gózate con ella.
Si tienes hijos, disfrútalos al máximo. Me enternece mucho cuando
un papá llega de su trabajo cansado e invita a sus hijos a montar en
bicicleta, jugar fútbol o solo a conversar con ellos. Si tienes trabajo,
cuídalo. Haz las cosas con excelencia. Da lo mejor de ti. Sé responsable.
No te involucres en chismes ni pierdas el tiempo.

Debemos entender que los problemas no son eternos y que, con la prueba, Dios nos da la salida.

Recuerda que depende mucho de nosotros conservar un trabajo y las cosas no andan bien en ninguna parte del mundo como para descuidar un empleo. Todos en la vida tenemos presión económica, familiar, laboral y, en muchos casos, ministerial. Por eso debemos aprender a ser equilibrados, a fin de que no nos consuman los problemas. También debemos entender que los problemas no son eternos y que, con la prueba, Dios nos da la salida. Aunque la semana comience difícil, anímate, Dios siempre tiene la última palabra.

Entonces, ¿cómo se lucha contra esas presiones de la vida? He aquí mis consejos:

Primer consejo: Permanece en los caminos de Dios. Esto requiere la búsqueda de su presencia, orar y confiar en Él siempre, aunque las cosas no te salgan como quieres.

Segundo consejo: Muere al que dirán. Si tienes claro lo que quieres y a dónde quieres llegar, ¡claro que lo lograrás!

Tercer consejo: Muere al yo. Sé que somos únicos y la creación perfecta de Dios. Aun así, el egocentrismo también te trae problemas. Al Señor no le agrada que te creas más de lo que eres ni que desprecies a otros porque no son como tú.

Aunque debemos ser espirituales, nuestra actitud influye mucho. Por eso, si eres positivo y conoces tus capacidades, tendrás éxito. En cambio, no serás otra cosa que un fracasado si te ves como un don nadie, no ves más allá de tus narices y a cada momento declaras: «No puedo, no saldré adelante». Lo peor es que de la manera en que te ves te verán los demás.

¿Sabes? Aprendí a verme como la mejor hija de Dios. En cuanto a lo profesional, aprendí también a valorarme y a saber que fue Dios el que me concedió los dones y debo hacerlo todo con excelencia. De ahí que sea consciente de que mis dones y bendiciones quizá causen envidias, pero yo tengo mi seguridad puesta en Él.

Dios permita que esta semana tu meta sea alcanzar un ideal y cumplir un sueño. Si no es así, que al menos emprendas el camino para alcanzarlo.

Mi oración

Mi Dios:

Comienzo esta oración dándote muchas gracias por recordarme una vez más que me amas, que me creaste con un propósito y que a tus ojos tengo un gran valor.

Gracias porque deseo cambiar y poner todo de mi parte para que sea así.

Entrego esta semana en tus benditas manos, sabiendo que estás conmigo y me apoyarás en lo que necesite. Dame, por favor, el valor para seguir adelante y alcanzar mis ideales.

Hoy confieso que soy inteligente y que me has dado una capacidad extraordinaria para hacer lo que me propongo. Quita de mí todo rechazo, toda falta de confianza, todo temor y permite, Señor, que logre todo lo que me disponga a hacer.

Ayúdame a creer en mí. Haz que pueda ver el potencial que tengo para desempeñar cualquier labor. Que pueda meditar en todas las bendiciones que tienes para mí. Aléjame de toda persona negativa y envidiosa. En su lugar, ayúdame a rodearme de personas que aporten lo mejor para mi vida.

Me propongo esta semana desempeñar mi trabajo con honestidad y optimismo, dando lo mejor cada día. Pongo delante de ti mi trabajo, mi carrera, mis estudios, mis sueños y mi hogar.

En el nombre de mi amado Jesús, amén.

Escribe tu oración a Dios y pídele que te ayude a valorarte y a saber que con Él lo tienes todo.

Tu oración

Semana 22
Originales... ¡y sin imitaciones!

Ejercita el don que recibiste mediante profecía [...] Ten cuidado de tu conducta y de tu enseñanza. Persevera en todo ello, porque así te salvarás a ti mismo y a los que te escuchen.

1 TIMOTEO 4:14, 16

Cuando hablamos de ser originales, debemos aplicarlo en cada una de las cosas. A casi todos nos gusta ser originales y no imitadores. Preferimos ser muy auténticos en cuanto a personalidad, temperamento, gustos y creencias.

Con relación a la moda, muchas personas deciden ser también originales. Si de marcas se trata, es preferible pagar un poco más de dinero que comprar algo que sea de imitación, pues lo notaremos en la calidad de esos artículos. Por eso dicen por ahí que «lo barato, sale caro».

En estos días, aunque parece contrario a lo que acabas de leer, te invito a ser un imitador... pero de *Jesucristo*. ¡Qué difícil nos resulta ser imitadores de Jesús! Es más, nos parece casi imposible ser semejantes a Él. Sin embargo, Dios nos lo pide en su Palabra, pues Él quiere que seamos humildes, mansos, justos y serviciales. A decir verdad, por más que lo intentemos, nos resulta muy complicado ser como nuestro amado Jesús. ¡Por eso le pedimos que tenga misericordia!

Aunque todo esto es una petición de Dios, también quiero que pienses que en tu andar por la vida vas a encontrar personas con un temperamento muy definido. Se trata de maestros en la Palabra, excelentes teólogos con doctrinas muy bien cimentadas. Aun así, a menudo, están fuera de la voluntad de Dios. Lo más triste es que muchas personas los imitarán, los seguirán y los idolatrarán. De ahí que se conviertan en grandes imitadores de hombres equivocados que engañan a la gente y que convierten la iglesia primitiva en grandes espectáculos donde la música, el sonido y las aparentes manifestaciones marcan la presencia de Dios. Por eso llevan a las personas a una búsqueda equivocada en la que si no existen presentaciones extravagantes, no está la presencia de Dios; si no hablas en lenguas, no tienes el Espíritu; y si no tienes un auto lujoso, no eres próspero. Hasta te hacen creer que si no das lo que tienes, no recibirás la bendición de Dios.

Creo desde lo más profundo de mi corazón que tú y yo tenemos la obligación de consultar *todo* lo que nos predican y enseñan de acuerdo con la Biblia, que es inspiración del mismo Dios. Nosotros no podemos acomodar el evangelio. Aunque no tengas el auto del año y no vivas en una mansión, Dios te ama y te bendice. Aun cuando no puedas dar el dinero que te piden, Él va a escuchar tu oración y por amor a ti y en su tiempo contestará tu petición. Dios no es un Dios de condiciones. En la Biblia nunca encontrarás estas palabras: «Si no tienes dinero, olvídate de mí. Si tienes un auto sencillo o una casa humilde, te dejaré a un lado». *No*, por favor, abramos los ojos. No podemos seguir como vamos.

Muchos de estos «hombres de Dios» se han desenfocado y nuestra oración debe estar con ellos. Por eso mi mensaje para ti es que no los idolatres, pues Dios no quiere que ellos sean tus ídolos. El único ídolo en nuestras vidas es Dios.

Pidámosle al Señor que esta semana nos hable al corazón y nos muestre esas equivocaciones. Pidámosle que nos deje entender que nuestra confianza debe estar solo en Él, pues casi a diario vemos que el hombre falla y fallará.

Mi oración

Dios mío:

Esta semana es muy importante para cada uno de nosotros porque queremos ser imitadores tuyos.

Te pedimos que nos guardes de seguir falsos profetas y de imitarlos. Danos discernimiento para saber las cosas que no vienen de ti.

Señor, guía a todos tus hijos para que se aferren a tu Palabra y puedan seguir la verdad conforme a lo que establece el Manual de Instrucciones.

Ten misericordia de los que han distorsionado tu Palabra. También te pido que tu Espíritu Santo obre en sus vidas de manera que puedan llegar al arrepentimiento y hacer tu voluntad.

Ayúdanos a ser humildes y sencillos de corazón, entendiendo que las cosas materiales son temporales, que nuestra relación contigo no depende ni dependerá del dinero que tengamos, ni de nuestros bienes.

Depositamos ante ti esta semana, confiando plenamente en tu amor y misericordia.

Te lo rogamos en el nombre de Jesucristo, amén.

Escribe tu oración a Dios y pídele que te ayude a ser imitador de Cristo, que hable a tu corazón y te dé la sabiduría para seguirlo solo a Él.

Tu oración

_____

_____

_____

_____

_____

_____

_____

_____

_____

_____

_____

_____

_____

_____

_____

_____

_____

Semana 23
Manipulación contra bendición

Los planes bien pensados: ¡pura ganancia!
Los planes apresurados: ¡puro fracaso!

PROVERBIOS 21:5

Dios está interesado en bendecir tu vida. Él es muy claro, quiere que nos vaya bien y que prosperemos tanto en lo material como en lo espiritual. Esto nos muestra que debemos tener un equilibrio en nuestra vida como seres humanos y como seres espirituales.

Si en la parte humana solo desarrollas el interés material, miras por encima del hombro a los que no tienen dinero o tu vida vale por lo que tienes en el bolsillo, déjame decirte que estás en un punto muy delicado. Estas dos cosas no van de la mano. Dios quiere que seamos felices y que tengamos dinero, pero nunca te manipula para que lo tengas ni para darte las bendiciones.

Con tristeza reconozco que las iglesias han caído en una fama gratuita debido al dinero que piden. Claro, esto no es igual en todas. La Biblia dice en Malaquías que debemos darle a Dios el diez por ciento de lo que ganamos y que debemos ser generosos con las ofrendas. Aun así, hoy quiero abrirte los ojos en cuanto a esto: No permitas que nadie manipule tu fe, ni tu billetera.

Dios no te manipula ni presiona. Es más, dice que nos da bendiciones y no añade tristeza.

Durante mis años en los caminos del Señor he tenido que visitar muchas iglesias y he visto de todo. La verdad es que algunas son cosa seria. Es tal la forma en que piden dinero, que uno hasta se siente incómodo. No se empieza un servicio hasta que recogen cierta cantidad, casi llevando a las personas que no tienen dinero a que dejen sus joyas o lo que sea, pero que den.

Entiendo que hay momentos cuando se recogen ofrendas especiales y sé que son de bendición. En lo que no estoy de acuerdo, y es lo que quiero dejar en claro, es que Dios no te manipula ni presiona. Es más, dice que nos da bendiciones y no añade tristeza, mucho menos angustia. Sé que los ministerios, ya sean iglesias, emisoras de radios o televisión cristiana, casi siempre necesitan hacer campañas para recoger dinero, pero muchas veces se manipula al oyente al decirle: «Si no das dinero, no recibirás tu milagro». Ante esto, muchos me han dicho: «Sentimos que nos hacen comprar nuestra petición». En realidad, eso no es así. Dios no va a dejar de bendecirte porque des menos de lo que te piden.

Es evidente que Dios quiere que seas generoso y no dudo que se alegre cuando apoyamos este tipo de ministerios e iglesias a fin de que se predique su Palabra. Sin embargo, debes ser sabio y no dejarte manipular. Guarda esto en tu corazón: Dios es tan bueno que nos da más de lo que le pedimos, aun sin abrir nuestra boca. Él ya sabe lo que necesitamos y, si es su voluntad, responderá tu petición.

A menudo, nuestro Padre nos da sin merecerlo. Aun cuando no hemos sido fieles con los diezmos y las ofrendas, jamás nos desamparará. Ojo, si no diezmamos, nosotros mismos disminuimos las bendiciones, pero igual no te faltará el pan de cada día. Si no, ¿cómo te explicas que cuando en verdad has estado sin un quinto en el bolsillo y no has podido volver a diezmar, pues estás sin trabajo, no te ha faltado nada? ¿Alguna vez te has acostado sin comer? De seguro que no. Pidámosle a Dios que nos ayude y que seamos sabios cuando entregamos el dinero y a quién le damos de esa bendición.

Mi oración

Mi Dios:
¡Qué bendición saber que podemos contar contigo que nos ayudas, que nos amas de manera profunda y que eres un Padre generoso!

Hoy queremos darte gracias por cuidarnos hasta en los momentos de mayor dificultad. Aun cuando no tengamos trabajo o pasemos por alguna enfermedad o necesidad, tú estás ahí cumpliendo lo que dejaste escrito en tu Palabra. Por lo tanto, puedo decir que «no he visto justo desamparado, ni su descendencia que mendigue pan» (Salmo 37:25, RV-60). ¡Qué linda promesa, mi Dios!

En este día también te queremos pedir que nos guardes de personas que nos quieran manipular, explotar o que pretendan cambiar lo que nos enseñas en la Biblia.

Ten misericordia de los que por error usan tu Palabra y caen en esa manipulación. Permite que puedan recapacitar y enderezar sus corazones.

¡Te amamos y descansamos solo en ti, Señor!
En el precioso nombre de Jesús, amén.

Escribe tu oración a Dios y pídele que
te ayude a serle fiel en tus diezmos y
ofrendas y que no permita que nadie te
manipule.

Tu oración

_____

_____

_____

_____

_____

_____

_____

_____

_____

_____

_____

_____

_____

_____

_____

_____

_____

_____

_____

_____

Semana 24
Tiempos donde todo cambia

«¡Miren que vengo pronto! Dichoso el que cumple las palabras del mensaje profético de este libro».

APOCALIPSIS 22:7

Estamos viviendo tiempos donde todo cambia, donde las cosas en el mundo están cada vez más complicadas. No las relato yo porque tú ves la televisión, lees las noticias y no nos queda más que decir: *Dios mío, guárdanos a nosotros y a los nuestros.*

Vivimos tiempos donde hoy estamos saludables y de un día para otro se nos presenta un mal, una bacteria, un accidente y nos cambia la vida para siempre. Tiempos donde salimos de casa y no sabemos si volveremos. Por lo tanto, este es el tiempo también de pedirle perdón a todo el que hemos ofendido, de perdonar a los que nos han hecho daño, de arreglar cuentas con el de arriba, pues no sabemos en qué momento nos va a llamar nuestro amado Dios.

Sin embargo, no debemos entrar en pánico. En su lugar, debemos aligerar la carga, vivir la vida menos pesada y saber que estamos de paso por este mundo, pues nadie tiene la vida garantizada en esta tierra. De ahí que quizá sea el tiempo de recuperar lo perdido y disfrutar al máximo lo que tenemos para vivir *un día a la vez.*

Si estamos alejados de nuestro Dios, que esta sea una semana de reconciliación con el Dador de la vida.

A menudo, los seres humanos complicamos mucho la vida dándole más color del que necesita y, por eso, la convertimos en grandes tragedias porque dejamos de vivir libres y felices. Es tiempo de cambiar, de examinar todo este patrón de comportamiento en nuestra vida. Y una manera de hacerlo es resolviendo problemillas que han quedado por ahí, que si no los sanamos de raíz, cualquier día podrán florecer y hacernos sentir más dolor que si las atacamos a tiempo.

Ahora, evalúa tu salud y cómo te sientes. Luego, respóndeme: ¿Desde cuándo no vas a un chequeo general descuidando tu salud o la de tu familia? Además, ¿desde cuándo no le cambias el aceite a tu automóvil? Ya casi está en el tiempo límite y tú como si nada. De esa manera, pudiéramos seguir enumerando la manera de ordenar nuestra vida en su totalidad. Creo que es saludable para todos hacer un alto y reflexionar, a fin de aligerar nuestra carga.

Entonces, ¿qué me dices de tu evaluación espiritual? Por favor, no la dejemos a un lado, pues es la más importante. Si estamos alejados de nuestro Dios, que esta sea una semana de reconciliación con el Dador de la vida, el cual nos llamará a cuentas en el momento menos pensado.

Somos como los soldados en el ejército que siempre están preparados y listos para la guerra. Aun cuando estén en combate y los hieran, se levantan y siguen orgullosos sirviendo a su país. Por lo tanto, ¿cómo nosotros que servimos en el ejército de Dios nos vamos a dejar derrotar por el adversario? ¿Estaremos listos para cuando suene la trompeta y Jesús regrese por nosotros? Hoy es una gran oportunidad... ¡es tiempo de cambiar! Por eso te invito a que sellemos este propósito con una oración que exprese nuestro compromiso de aprovechar el tiempo al máximo.

Es muy importante que, a medida que superas algo en Cristo y pones tu vida en orden, testifiques y les cuentes a otros sobre tus cambios, pues será alentador para el que no tiene fe en Dios y, mucho menos, en sí mismo.

Mi oración

Señor Jesús:
Solo tú sabes hasta cuándo estaremos cada uno de nosotros en este mundo.

En esta oración nos queremos comprometer a poner nuestra vida en orden para que sea de mayor bendición, y así podamos ser luz e inspiración para otros.

Necesitamos estar a cuentas contigo y hacer tu voluntad.

Muéstranos situaciones que debamos resolver, cosas que nos comprometimos a terminar y aún no lo hemos hecho.

También te pedimos perdón por no hacer lo que nos has encomendado, porque eso es total desobediencia.

Gracias, Señor, por la vida eterna, y gracias por tu amor y misericordia.

Queda delante de ti esta semana y nos disponemos a trabajar en cada una de las cosas que necesitamos cambiar y que nos irás mostrando.

Permite que se sujeten a ti la falta de perdón y la indiferencia. ¡Te amamos!

En el nombre de tu hijo Jesús, amén y amén.

Escribe tu oración a Dios y pídele que te prepare para los tiempos de cambio que vendrán a tu vida.

Tu oración

_____

_____

_____

_____

_____

_____

_____

_____

_____

_____

_____

_____

_____

_____

_____

_____

_____

_____

Semana 25
Padres que no creen en Dios

La voluntad de mi Padre es que todo el que reconozca al Hijo y crea en él, tenga vida eterna, y yo lo resucitaré en el día final [...] les aseguro que el que cree tiene vida eterna.

JUAN 6:40, 47

¡Padres, nosotros representamos un papel trascendental en la vida de nuestros hijos! No solo con el ejemplo, sino al equiparlos de una vida llena de Dios sin volverlos religiosos. Por otro lado, también podríamos cortarles sus vidas espirituales.

Sé que es muy común que papá y mamá no crean en Dios. Quizá nunca se lo inculcaron, ni vieron jamás un ejemplo de padres temerosos de Dios o tuvieron una decepción en la iglesia y hasta ahí llegó su vida espiritual. Con esto no pretendo lavarte el cerebro, ni quiero convencerte. Sin embargo, mi obligación es llevar luz en medio de la oscuridad, pues la vida sin Dios está muerta y vacía.

A lo mejor me dices: «No estoy de acuerdo. Yo no creo en Dios y vivo feliz. Lo tengo todo, no me hace falta nada, ni la iglesia, ni la oración, ni leer la Biblia. Eso es cosa de religiosos». Y te respeto, pero dame hoy la oportunidad de mostrarte la otra cara de la moneda. Déjame sustentar con mi vida que sí hay un Dios al cual yo le debo

Quiero que entiendas que Dios es tan real como el aire que respiramos hoy.

mi vida y todo lo que tengo. Un Dios que me ha librado de diferentes pruebas y me ha dado la oportunidad de ser feliz. Cuando estuve sin trabajo, Él me dio todo lo que necesité, nunca me faltó nada. Cuando estuve al borde de la muerte, Él me sanó. En las enfermedades de mis hijas, Él ha estado ahí como un Padre y Médico a la vez, haciendo un milagro tras otro. Y así me pudiera quedar contándote las muchas cosas que ha hecho Dios por mí y mi familia. Si tuvieras la oportunidad de hablar con mis princesas, cada una te podría decir lo que representa Dios en sus vidas.

Al no tener una experiencia personal con Dios, entiendo que es muy difícil creer y darles a otros lo que no has recibido. Por eso, quiero que entiendas que Dios es tan real como el aire que respiramos hoy. Ha sido el único que después de morir en una cruz, resucitó al tercer día y vino a este mundo con una sola misión: Salvarnos a todos los que en Él creamos y darnos vida eterna.

Papi, mami, sé que la religión en sí es un desastre, que las cosas que oímos no son muy alentadoras. Con todo, quiero que hoy te des la oportunidad de que Dios entre a tu corazón a través de su Hijo, Jesucristo. Cuando te digo que por medio de su Hijo, es porque Dios lo decidió así y lo dejó escrito en su Palabra: «Nadie llega al Padre sino por mí [Jesús]». También dice que Él es «el camino, la verdad y la vida» (Juan 14:6).

Si quieres dejar esa depresión, dejar de tomar pastillas para dormir, salir de las adicciones, Él puede ayudarte en todo lo que necesites. Él es el único que puede darte felicidad. Es el único que abre y cierra puertas. Es tu amigo fiel. Además, es el que hoy te recibe con los brazos abiertos, te perdona tus faltas y te da el regalo de la vida eterna.

Ahora, dame la oportunidad de interceder junto contigo delante de Dios haciendo una breve oración en voz alta y creyendo con todo tu corazón que Él te escuchará y empezará a poner orden en tu vida. Ponlo a prueba hoy. Pídele algo que sea solo entre tú y Él, y permítele que se manifieste en ti.

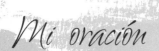

Mi oración

Señor:

Hoy para mí es un día trascendental porque he decidido y he entendido que sin ti mi vida está vacía. No vale nada tener riquezas y bienes, si no tengo lo más importante: A Cristo en mi corazón.

Por eso te pido de una forma muy especial que estés conmigo para siempre. Necesito recibirte en mi corazón y cambiar por completo, así como influir por completo en la vida de los demás.

En el nombre de Jesús, amén.

Si quieres recibir a Jesús, repite en voz alta esta oración de fe:

Señor Jesús:

Decido creer hoy en tu Palabra. He comprendido que quiero tener la vida eterna y obtener el perdón de mis pecados.

Por eso, hoy te recibo como mi único y verdadero Salvador.

Perdona mis pecados, límpiame, cámbiame y escribe mi nombre en el Libro de la Vida.

Gracias, Señor, por la vida eterna.

En el nombre de Jesús, amén y amén.

Escribe tu oración a Dios y dale gracias porque Él es tu amigo fiel que está dispuesto a darte lo mejor para tu vida: la vida eterna.

Tu oración

Semana 26
Familias fortalecidas

*Si el Señor no edifica la casa, en vano se
esfuerzan los albañiles.*

Salmo 127:1

Es posible que al hablarte de familias fortalecidas y unidas sepas a qué me refiero. Tal vez hayas escuchado conferencias al respecto y sepas que es importante. A lo mejor sabes que es fundamental, pero no has dado el primer paso para poner en orden tu vida, tu hogar. Es fácil criticar la familia de otro y juzgarla. Entonces, ¿qué pasa cuando se meten con la tuya y se te enfrentan al decirte que tienes una familia destruida o te preguntan qué hiciste con ella?

Tengo una especial inquietud por la familia. En primer lugar, porque hace tiempo destrocé en dos oportunidades la mía. Es más, gracias a mis malas decisiones, a mi falta de madurez y a mi orgullo terminé en un caos emocional. Con esto no quiero decir que lo planifiqué, sino que fue por cada situación que vivía, llámense crisis emocionales, divorcios, colapso financiero, etc. Los afectados directos fueron mis princesas, mis hermanos y mis padres que sufrían por verme mal a mí.

Cuando uno es el protagonista del problema, está tan encerrado en lo que vive que no se tiene cabeza para pensar en los demás. Tampoco se piensa en si están sufriendo o no. Es triste que después es que nos enteramos del enorme daño que ocasionamos... daños que a veces

Entre-guemos en oración todos nuestros asuntos a Dios y pidámosle que nos guíe a poner en orden nuestra casa.

tienen solución, pero otros que los marcarán para siempre.

Le doy gracias a Dios por el día que abrió mis ojos para que reconociera lo mal que estaba y pudiera tomar una decisión tan importante como querer cambiar, no volver atrás y empezar a recoger los pedazos de lo que quedaba de mi familia. Fue todo un proceso que se prolongó por un tiempo que culminó en la restauración.

Dios me mostró que aunque me habían herido y había sufrido, gran parte de mi sanidad vendría cuando pidiera perdón y perdonara. Así que comencé con una lista en mano de personas aun fuera de mi familia para hablar con cada una de ellas. Reconozco que no fue fácil. Se trata de llegar a reconocer tus faltas con humildad, sin soberbia, ni orgullo. En verdad, esto no es lo más placentero. El enemigo nos habla y nos dice que vamos a quedar en ridículo y que vamos a ser menos, pero entendí que tenía que obedecer. La parte más difícil para mí fue pedirles perdón a mis princesas, pues en sus corazones había heridas muy profundas.

Sin embargo, como siempre que somos obedientes Dios se glorifica, para mí fue de total liberación. Fue como quitarme una carga de ladrillos que llevaba sobre mis hombros, demostrar que esta vez sí cambiaría, recuperar credibilidad y confianza y esperar lo que la misma Palabra dice: «Por sus frutos los conocerán» (Mateo 7:14). Y entendí que era cuestión de tiempo, pues el tiempo lo sana todo. Dios, en su inmensa misericordia, nos da nuevas oportunidades, lo importante es no desaprovecharlas.

Entreguemos en oración todos nuestros asuntos a Dios y pidámosle que nos guíe a poner en orden nuestra casa. Si hay que pedir perdón, pidamos perdón... ¡y hagamos cambios radicales! Recordemos que la familia es una institución creada por Dios y está en nuestras manos administrarla y cuidarla. Si dejamos a Dios por fuera de nuestro círculo familiar, estaremos construyendo literalmente en arena movediza. Por eso mi invitación hoy es a que luchemos y saquemos adelante lo que Dios nos encargó con tanto amor.

Mi oración

Amado Dios:

Te agradecemos que nos enfrentaras con tu Palabra, ya que siempre es para nuestro bien. Además, podemos entender que el más interesado en que la familia se fortalezca eres tú.

Te queremos pedir perdón porque sabemos que hemos cometido errores y quizá lleváramos a nuestra familia hasta el punto de la desesperación y la división, pues conociendo tu Palabra hemos entrado en contiendas, envidias, peleas, mentiras y celos. ¡Perdónanos, Señor!

Te suplicamos que nos des la oportunidad de recuperar el tiempo perdido y de buscar a los que debemos perdonar y a los que hemos ofendido, entendiendo que esto traerá bendición y sanidad sobre todos.

Ayúdanos a romper el orgullo, la falta de perdón, la soberbia y toda influencia que nos detenga a hacer tu voluntad.

Asimismo, te pedimos, Señor, que prepares los oídos y los corazones de nuestra familia para ese momento importante en el mundo espiritual.

Llénanos de amor y firmeza para no volver atrás y poder dar fruto de cambio. Que en poco tiempo, mi Dios, nuestros padres, cónyuges e hijos puedan ver ese cambio y logre florecer la esperanza en nuestros hogares. Al mismo tiempo, que vuelvan las sonrisas y que podamos seguir adelante.

Ayúdanos, Padre, pues con nuestras fuerzas es imposible.

Todo esto te lo pedimos en el nombre de Cristo, amén.

Escribe tu oración a Dios y pídele que te dé la sabiduría necesaria para poner en orden tu vida y tu hogar.

Tu oración

Semana 27
Compasivos
y no verdugos

Con amor y verdad se perdona el pecado,
y con temor del SEÑOR se evita el mal.

PROVERBIOS 16:6

A menudo escucho personas que dicen: «Quiero ser consejero y ayudar a otros», pero cuando están delante del caído, en vez de ser compasivos se convierten en verdugos.

El tema de esta semana es muy delicado porque se necesita del *equilibrio* dado por Dios para entender los problemas de los demás. Me duele mucho la injusticia. No tolero las personas que piensan que nunca cometerán errores. Así que miran por encima del hombro a los que fallamos o nos equivocamos en la vida.

Sé que hay momentos donde hay que ser firmes. Aun así, debemos tener claro que no somos Dios para juzgar, castigar, levantar juicios y atormentar a quienes vienen a nosotros buscando ayuda.

Dios no tolera que seamos así. En cientos de versículos nos dice que debemos ser misericordiosos. Así que pensemos: ¿Por qué nos cuesta tanto ser sensibles al dolor de otro? No creo que exista una sola persona que se sienta libre de pecado y pueda tirar la primera piedra

La Palabra dice que si con un corazón humillado le confiesas tus pecados a Dios, no a otro hombre, Él te perdonará.

sobre su hermano, amigo, empleado, pastor o cualquier líder religioso, ni que se sienta menos pecador.

Es repugnante ver en las iglesias que los que escuchan a los pecadores arrepentirse o confesarse, a veces son más pecadores y sus vidas no son un buen testimonio. (Claro, esto no es en todos los casos). Por eso creo que al único que le debo rendir cuentas y pedirle perdón es a Dios. Él sí nos entiende, no nos juzga y nos muestra el camino a seguir.

La repetición de cinco avemarías y diez Padrenuestros no es lo que te da el perdón ni borra tu falta, como enseñan algunos. La Palabra dice que si con un corazón humillado le confiesas tus pecados a Dios, no a otro hombre, Él te perdonará, botará esa falta al fondo del mar y nunca más se acordará de ella.

¿Esto se parece en algo a lo que hacemos nosotros? ¡NO! Le hacemos todo lo opuesto al caído, al que falla o se equivoca. Declaramos la maldición sobre su vida y, a veces, hasta pensamos que nunca más levantará cabeza.

Jesús no apartó a los discípulos que le fallaron, pues sabía muy bien que lo traicionarían y lo abandonarían. Aun así, esto no le impidió seguir a su lado, perdonarlos y amarlos. En realidad, estuvo con ellos hasta el final. Con esto no digo que debes permitir que ese líder caiga una y otra vez, ni que tu hijo te falle siempre, ni que te dejes maltratar por tu cónyuge. Sin embargo, es ahí donde tenemos el llamado a poner el amor de Dios por encima de todo, a aconsejar y guiar al que está mal.

Existen grandes líderes dignos de imitar y que aportan grandes cosas a las empresas y ministerios. Por lo tanto, debemos cuidarles, y si faltan en algo, tenemos el llamado a escuchar, aconsejar y restituir. Si la persona se equivocó y, luego, se le llama la atención y se le perdona, enseguida debe venir la restitución, no el exterminio.

Ahora, piensa en cuántas veces has menospreciado a alguien por un error. ¿Le has dado una nueva oportunidad o lo has echado al olvido? ¿Te has creído Dios para juzgar e imponer un castigo? Esta semana es para reflexionar y es ideal para *restituir* también. ¡Que Dios nos ayude!

Mi oración

Dios mío:

¡Qué terrible es ver hasta dónde podemos llegar los seres humanos! ¡Qué capacidad tenemos para criticar y juzgar a otros!

¡Qué triste es recordar que en ocasiones nos han tratado así, que nos han aniquilado, borrado del mapa y de la vida de otros solo porque, según ellos, no merecemos el perdón!

Entonces, tenemos que vivir algún castigo impuesto por el hombre, por otro pecador, por otro que quizá sea más corrupto que nosotros.

Ayúdanos, Señor, a perdonar a las personas que nos han tratado mal y que de corazón podamos sanar esas heridas.

Y si, por el contrario, fuimos nosotros los verdugos, lastimamos con nuestra dureza a otros o fuimos piedras de tropiezo en los planes que tú tienes con ellos, perdónanos, Señor.

En el nombre de Jesús, amén.

Escribe tu oración a Dios y pídele que ponga su compasión en tu corazón de modo que no te conviertas en verdugo de los demás.

Tu oración

Soledad, divino tesoro

Me infunde nuevas fuerzas. Me guía por
sendas de justicia por amor a su nombre.

SALMO 23:3

Desde hace un tiempo he descubierto que la soledad es un privilegio para los que la saben disfrutar y es una pesadilla para los que creen que es insoportable.

¿Qué pretendo con este tema? Que aprendas a disfrutar esa estación en tu vida, que aproveches al máximo ese tiempo en el que, al parecer, no tienes a nadie. Entonces, hazte el propósito de hacer cosas que te resultan imposibles cuando tienes pareja, familia, hijos, nietos, trabajo.

Les confieso que he cambiado. Antes veía horrible la vida sola y era casi un desafío ser madre soltera, cuidar de mis princesas y cumplir como cabeza de mi hogar. Tenía que enfrentar cosas que, en general, hacen los hombres. En realidad, cuando no tenemos la contribución masculina, las mujeres nos ponemos hecha una pena.

No creo que nadie quiera estar solo ni que planee su propia soledad por masoquismo, aunque se han visto esos casos. Con todo, te doy fe que, sabiendo aprovechar la soledad, se puede vivir pleno y feliz.

Hace muchos años, no concebía la vida sin una pareja. Con solo pensar en estar sola era preocupante. No fue hasta que entendí que Dios era suficiente y mi mejor compañía que cambié de opinión. La felicidad es sentirse pleno en *Dios*. Él es el único que llena todo vacío, te da cada una de las cosas que esperas y, de manera sobrenatural, te da compañía.

Por lo tanto, si estás viviendo la estación de la soledad, te puedo entender, pues en varias ocasiones he estado solita y he aprendido a ver las cosas desde otro punto de vista, a la manera de Cristo. Te lo digo por experiencia, ya que he estado con mis hijas como madre soltera y las he disfrutado al máximo.

Entrégale a Dios esa soledad, ese vacío, esa tristeza y recibe de su parte paz, gozo y armonía.

Esta semana, con la ayuda de nuestro Dios podemos combatir esa etapa normal de la vida que puede llegar en cualquier momento. Así que aprendamos a sacarle el mejor provecho a la soledad.

Si estás solo por la pérdida de un ser querido, un divorcio, la falta de trabajo, la separación de la familia, no tienes amigos porque ahora quieres vivir una vida recta que agrada al Señor, debes superarlo. Te pido que le entregues a Dios esa soledad, ese vacío, esa tristeza y recibe de su parte paz, gozo, armonía y, sobre todo, sabiduría a fin de que puedas ser feliz en medio de tu soledad. El resultado de todo esto será que, como hijo de Dios, aprenderás a vivir pleno en Él. Sé que no es fácil, pero te digo que sí se puede. En el caso de que estés desesperado por compañía, ten presente que no debes llenar tu soledad con amores equivocados, pues a la larga sentirás más soledad.

El día que decidí cambiar ese patrón de pensamiento, me comprometí ante Dios a ser una nueva mujer. He vivido los beneficios del cambio, aunque aún cometo muchos errores. A veces sale esa antigua Claudia, pero lo supero con una actitud diferente y tratando siempre de mejorar y reconocer que no soy Dios y que no soy perfecta.

Recordemos que la vida no es fácil. Aunque estemos solos, se presentarán discusiones con los ex, los hijos, los jefes, los amigos. Aun así, la vida es una bendición y un regalo de nuestro Dios. Nada debe ser más importante que nuestra relación con Él, pues todo lo demás es pasajero.

Mi oración

Amado Jesús:
Gracias por darnos tanto amor.

Gracias, Padre, por comprender que nos hemos sentido desesperados cuando la soledad ha tocado a nuestra vida. Gracias porque quizá los que lean hoy este libro se darán cuenta que sí se puede superar la soledad.

En esta semana, ayúdanos, Jesús, a comprender que contigo lo tenemos todo y que no hay nada en este mundo más importante que tú.

Permite, mi Dios, que cada vez que quiera llenar esa soledad de una manera equivocada, tu Espíritu me reprenda y me lleve a buscarte y llenarme de ti.

Gracias por ser paciente y enseñarme la manera en que debo vivir.

Ayúdame a soltar lo que no me corresponde y a esperar las bendiciones que tienes separadas para mí. Esperaré confiadamente y sé que saldré de esta etapa y volveré muy pronto a sonreír. Permite, también, que pueda disfrutar cada día que me das y sacarle el mejor provecho.

Ahora, bendice mi vida, mi familia, mi casa y mi trabajo.

Todo esto te lo pido en el nombre de Jesús, amén y amén.

Escribe tu oración a Dios y pídele que
llene tu soledad con su presencia.

Tu oración

Semana 29
¿Acaso Dios es así?

¡Qué maravilloso es nuestro Dios! Él es Padre de nuestro
Señor Jesucristo, Padre de las misericordias y Dios de las
consolaciones que tan maravillosamente se nos ofrecen
en nuestras dificultades y pruebas.

2 CORINTIOS 1:3-4, LBD

¿Acaso Dios es un Dios que saca los pecados del fondo del mar y nos los restriega en nuestras narices? No... ¡y un *no* rotundo! Algo que me ha sorprendido mucho de ese Dios que veo y valoro como mi Padre es que, sin importar la magnitud de mi falta, si estoy arrepentida y arreglo mis cuentas con Él, nunca más me hará sentir desdichada. Jamás se aprovechará del momento ni de las circunstancias. Nunca me dirá: «¡NO te olvides que eres una pecadora que me fallaste en esto o en lo otro!». Jamás se pasará el resto de mi vida recordando algo que quiero olvidar.

No, mi Dios no es así. Mi Dios es perdonador y misericordioso porque nos da la oportunidad de que cambiemos y sabe que vamos a fallar una y otra vez. Por eso nos recuerda que Él se fortalece en nuestras debilidades. Aprendamos de Él y renunciemos a ese comportamiento terrible de ser jueces de otros, de criticar las faltas de los demás y de creernos DIOS. Somos humanos con una tendencia cien por cien a fallar, caer y, en algunos casos, dar marcha atrás.

Así que no me cansaré de pedirte que seas más humano y que saques de tu vida la crítica continua. Si Dios que es el Creador y Dador de la vida nos busca, nos recoge, nos restaura y nos da el regalo más hermoso que es una vida eterna a su lado, ¿por qué a ti y a mí nos cuesta aceptar a los demás con sus virtudes y defectos?

La transformación para ser mejores no se logra de un día para otro. Nos toma años cambiar, dejar a un lado un estilo de vida, los amigos y los patrones de conducta. A menudo le digo con dolor a Dios: «Estoy cansada de tener este mismo defecto durante tanto tiempo. He tratado de cambiar, pero aún no puedo. ¡Esto es frustrante!». Así que no eres el único que falla, ¡yo también!

Es lamentable, pero cuando decidimos rendir nuestra vida al Señor, y como en mi caso somos «personas con vidas públicas», es más difícil y el precio es más alto. La gente espera más de nosotros. Exige lealtad, integridad y no puede permitir que vayamos a fallar. Sin embargo, debemos saber que estamos en una lucha diaria por cambiar y morir a esa vieja naturaleza que quiere siempre florecer.

Por mi parte, me comprometo ante Dios a seguir dando lo mejor de mí, a ser un buen ejemplo para muchas personas que se animan al cambio por mi testimonio. Cada vez que las personas me escriben y me piden un consejo dándome su voto de confianza, Dios hace que recuerde el compromiso tan grande y serio que es ayudar a uno de sus hijos. A la vez, yo les recuerdo a esas personas que soy imperfecta para dar un consejo, pero que de lo que tengo les doy y es un amor inmenso a mi Dios. Además, les cuento cómo el Señor me ha ayudado y lo que a mí me ha dado resultado.

Recuerda, Dios es amor y siempre te va a dar la mano en cualquier situación. Ahora, sellemos este compromiso de ser más humanos y mejores personas. Quitemos de nuestra boca esa crítica tan dañina y hagamos el bien sin mirar a quién.

Recuerda, Dios es amor y siempre te va a dar la mano en cualquier situación.

Mi oración

Querido Jesús:
¡Toda la gloria es para ti!

Señor, no es fácil complacer a todo el mundo. Las personas demandan de nosotros tantas cosas que nos llevan a un punto de no poderles fallar. Lo más triste de todo es que a veces esas personas que nos juzgan, hacen cosas peores y no entendemos por qué.

En esta semana te queremos pedir que nos ayudes como siempre a ser hombres y mujeres de bien, leales, fieles, íntegros y a entender que cada día debemos ser mejores hijos tuyos.

A los que tenemos ese enorme compromiso de ser por nuestro trabajo personas públicas, donde la mirada de muchos está sobre nosotros, ayúdanos, Dios, para ser ejemplo, luz y no piedras de tropiezo.

También te pedimos que quites de nosotros ese espíritu de chisme, de crítica, de creernos muy santos y perfectos, de tomar por error una autoridad de opinar, decir o hablar lo que no nos corresponde.

Señor, necesitamos ser rectos, humildes y limitados en los juicios que levantamos hacia los demás. Calla nuestra boca cuando no debamos hablar y que podamos entender que no somos Dios ni jueces.

Te pedimos perdón y te coronamos el Rey de nuestras vidas y de nuestro corazón.

Todo esto te lo suplicamos en el nombre de Jesús, amén.

Escribe tu oración a Dios y pídele que
transforme tu vida de manera que cada
día puedas darles a otro lo mejor de ti.

Tu oración

Semana 30
Cansada de mí

Pero yo, SEÑOR, te imploro en el tiempo de tu buena voluntad. Por tu gran amor, oh Dios, respóndeme; por tu fidelidad, sálvame.

SALMO 69:13

A veces sentimos que nuestra vida ya no la aguantamos ni nosotros mismos. Siempre que Dios ha tenido un proyecto conmigo, me sobrevienen momentos de dolor, angustia y prueba, como al escribir mi primer libro. Aunque no lo entendía, cuando narré parte de mi testimonio, me di cuenta de lo graves que fueron esas situaciones vividas y en las que casi pierdo la vida. Con todo, vi siempre la fidelidad de Dios.

Les cuento que, mientras escribía este libro, pasé por tiempos de muchas luchas, desde problemas familiares hasta verme obligada a renunciar a mi trabajo. Como si fuera poco, tuve que lidiar con asperezas en mi matrimonio, viendo que el enemigo se aprovechaba de cualquier oportunidad para atacar nuestro hogar.

Cuando analizo mi matrimonio, tengo conversaciones con Dios donde le pregunto: «¿Será que no nací para amar? ¿Por qué me cuesta tanto esto del matrimonio?». Esas preguntas no tienen respuesta. Por eso me canso de mí en las discusiones, pues según me dicen, no acepto perder. En fin, soy comunicadora y algunas veces me cuesta comunicarme con mis familiares. Sin embargo, como sé que mi esposo

Debido a que conozco la Palabra de Dios, eso me da la seguridad que Él me quiere dar siempre algo más.

es bueno y sé cuanto vale, ¡no me doy por vencida!

Debido a que conozco la Palabra de Dios, eso me da la seguridad que Él me quiere dar siempre algo más. ¿Por qué? Porque cada vez que emprendo un proyecto, el enemigo quiere robarme la paz y el gozo. Incluso, utiliza a seres queridos para que tengamos discusiones a fin de apartar mi mirada de Dios y que la ponga en las circunstancias.

Quizá habrá momentos en los que veas las cosas tan difíciles que digas: «Estoy cansado... Dios, acuérdate de mí». Entonces, Él se manifiesta y nos muestra su amor y su control, así que respiramos profundo y decimos: «Gracias, Dios mío, porque estás conmigo».

El cansancio de uno mismo es el de estar hartos de nuestros defectos y de lo que causan en quienes nos rodean, cuando hemos prometido una y mil veces cambiar y esas faltas regresan de nuevo. Cansarnos de nosotros mismo es buena señal, pues Dios quiere transformarnos y que podamos ser como Él quiere.

Te lo voy a aclarar confesándote algo que no veía, pero que mis hijas, mi esposo y hasta mi familia cercana lo ven como mi gran defecto y que me ha llevado a entender que debo cambiar. Aunque no lo vea ni lo reconozca, existe. Sé que quieren saber cuál es ese defecto, ¿verdad? Me dicen que conmigo no se puede hablar, porque nos los dejo, en especial si discutimos. Siempre quiero tener la razón y no se me puede llevar la contraria.

Después de varias situaciones que se presentaron, un día le dije a Dios: «Te pido perdón por ser así y te suplico que me ayudes a cambiar. Permite que la próxima vez que se presente una dificultad, recuerde mi defecto y deje que hablen otros. Además, si alguien me tiene que decir algo que no me gusta, que pueda aceptarlo».

Espero que esta semana podamos encontrar esos defectos que nos llevan a decir: «¡Estoy cansado de mí!». Quizá convenga hacer esa lista y tenerla muy presente por el resto de nuestra vida.

Mi oración

Dios mío:

Te damos gracias por todo lo que haces por nosotros.

Necesitamos que nos ayudes a enfrentarnos a nosotros mismos, que nos muestres esos defectos que nos llevan a tener problemas con nuestros seres queridos y con otras personas.

Entregamos nuestras relaciones con la familia, nuestros jefes, compañeros de trabajo, amigos y parejas en tus manos, y llevamos todo sujeto a tu obediencia.

Además, nos comprometemos a revisar esa lista cada día y proponernos a trabajar en cada aspecto que nos está robando la bendición.

Gracias por tu dirección.

En el nombre de nuestro amado Señor Jesús, amén.

Escribe tu oración a Dios y pídele que te revele los defectos que te impiden avanzar en la vida y te conducen al agotamiento.

Tu oración

Semana 31
Promesa cumplida

Cree en el Señor Jesucristo, y serás salvo, tú y tu casa.

HECHOS 16:31, RV-60

No sé cuánto tiempo oraron por ti para que conocieras de Jesús. No sé cuánto tiempo llevas orando para que un ser querido también lo conociera. Sin embargo, hoy y siempre seguiremos escuchando emocionantes testimonios cuando esa persona nos dé la gran noticia de que entregó su vida a Dios.

Sé que mi hermana de sangre, Norma, y algunos otros oraron más de un año por mí para que yo empezara a ir a la iglesia. Además, simultáneo a eso, a veces me hablaban de ese Dios maravilloso que yo creía conocer. Digo *creía* porque antes de ser cristiana mi relación con Dios era muy distinta. No oraba, no iba casi nunca a la iglesia y mi fe era muy débil.

Por fin llegó el gran día que decidí tomar en serio esa invitación que Jesús me extendía y lo recibí en mi corazón. Recuerdo que lloré muchísimo y no entendía ni por qué lo hacía. Aun así, sentía una gran emoción que me hacía experimentar el arrepentimiento por mis pecados y una sensación de querer remediar cada error cometido. Hoy soy yo la que te muestro ese regalo. Quiero que tú y tus seres queridos puedan conocer a ese Dios que sirvo y amo. Quizá hayas perdido la

Si ya eres creyente, pero abrigas la esperanza de que algún día ese ser querido conozca de Jesús, no pierdas la fe.

esperanza de que tus seres queridos le conozcan y crees que ya no vale la pena intentarlo... ¡y eso es un grave error!

Te cuento que en mi familia la primera en cambiar fue mi hermana y lo hizo de una manera radical. Se entregó en cuerpo y alma. Luego, fui yo la segunda en recibir a Jesús. Al comienzo, veía poco a poco que era una sabia decisión. Observaba en mis hijas que semana tras semana se emocionaban contándome lo que aprendían de Dios.

Más tarde, llegó mi madre Norma al evangelio. Mi mamá es una mujer excepcional, disciplinada, humana y una servidora por excelencia. Por mucho tiempo estuvo en la Nueva Era, daba la gloria a otros dioses, leía la carta astral, el aura y demás, como lo hacen millones de personas que por error buscan una verdad. Cuando mami comprendió que no estaba en la verdad, lloró por varios días al ver lo apartada que estaba y lo cerca que estuvo de la libertad. Hoy en día, mi madre trabaja en la Iglesia Casa Roca, en Colombia, y es instructora de deportes para los niños de la calle que llevan a los hogares de esta institución.

Luego, el turno fue para mi padre don Carlos Pinzón, quien a través de los testimonios de sus hijas, poco a poco fue cediendo su corazón a Dios. Hoy en día, junto a su esposa, Helenita, están libres por completo y disfrutan de esa vida maravillosa que solo nos da Dios.

Me llena de gozo contarles que mi hermano, el único que faltaba de la familia cercana, ya tomó su decisión. Un día, una situación familiar lo hizo sentir tan desesperado que buscó a nuestra madre y le dijo que quería ir a la iglesia y allí se entregó a Jesús.

Ahora, mi mensaje es para ti, pues quizá no conozcas esa verdad. A pesar de que te invitan a la iglesia, te muestras indiferente. Solo quiero dejarte este testimonio para que también le des la oportunidad a Dios de sanar tus heridas, levantarte y tener vida eterna.

Si ya eres creyente, pero abrigas la esperanza de que algún día ese ser querido conozca de Jesús, no pierdas la fe, pues el tiempo llegará en que recibirás esa invaluable bendición.

Mi oración

Amado Dios:
Te damos gracias por esta semana de testimonios que nos estás regalando, pues sabemos, Señor, que cada testimonio que podamos dar traerá esperanza a los que no tienen ninguna.

En primer lugar, te doy muchas gracias, mi Jesús, por darme la oportunidad de ver con mis propios ojos la entrega de mi hermano a tus caminos. Esto llenó mi vida de gran alegría y puedo decir de corazón: *Gracias por tu fidelidad, gracias porque cumples lo que prometes, gracias porque puedo testificarlo en la radio, en este libro y a todos los que tenga la oportunidad de hacerlo.*

Dios mío, quiero también esta semana presentarte a cada una de las personas que están orando por sus familias y amigos para que lleguen a conocerte. Señor, anímalos a seguir intercediendo para que no se desalienten, sino que puedan esperar en ti y así testificar de tu poder, de tu amor y de tu gloria.

Es mi oración, mi Dios, por cada persona que aún no te conoce. Permite que abran sus corazones y reciban tu amor y todas las bendiciones que tienes separadas para cada uno desde siempre.

Dios mío, que esta semana podamos dedicar el tiempo para hablarles a otros de tu amor y así puedan hallar la verdadera felicidad y la vida eterna.

Todo esto te lo suplicamos en el nombre de Jesús, amén y amén.

Escribe tu oración a Dios y pídele que te ayude a a ver la realidad del cumplimiento de sus promesas en tu vida.

Tu oración

Semana 32
Gratitud en mi corazón

Me es grato darles a conocer las señales y maravillas que
el Dios Altísimo ha realizado en mi favor.

DANIEL 4:2

La semana pasada te conté el hermoso testimonio de cómo mi familia y yo llegamos a conocer de Jesús y lo feliz que esto me hace. Ahora, quiero que sepas que mi felicidad aumentó aun más.

Después de diez años, pude viajar a Colombia y estar cerca de mi familia, como es natural. En esa oportunidad, volví a ver a mi hermano y me encontré un hombre sensible por completo a la Palabra de Dios. Al cabo de trece o catorce años de oración intensa por él y de testificarle, lo que veíamos era su dureza y falta de interés en los asuntos de Dios. Entonces, de repente, llega ese momento que todos esperábamos, el día que dijo: «Quiero ir a la iglesia, con mi esposa y mi hija».

Recuerdo que mi madre se alegró tanto, que me llamó a Miami llorando para darme la mejor noticia que había recibido en los últimos tiempos: «¡Carlos, "el junior", quería ir a la iglesia!». Yo también me sentí muy feliz. Así que cuando llegó mi viaje para Bogotá, mi oración era que mi testimonio no se quedara solo en palabras bonitas, sino que sirviera para respaldarlo en esa importante decisión.

Sin embargo, no todo era felicidad, pues siempre que alguien da ese paso tan trascendental en su vida y decide seguir a Jesús, el enemigo

Esta semana toma este testimonio como motivación para hablarles a otros de la Palabra.

se levanta para oponerse, para distraer, para poner duda en nuestra vida... ¡y a veces sí que lo logra! En el caso de mi hermano, casi al mismo tiempo de la decisión de ir a la iglesia, se puso en peligro su matrimonio y llegó el divorcio por parte de su esposa.

Lo que resalto de todo esto es que ese enemigo de nuestras vidas siempre buscará la forma de ponerte la zancadilla, robarte el gozo, la paz y *toda* la felicidad. ¡Qué manera tan triste de comenzar una nueva vida en Cristo! Mi hermano empezó con un corazón desgarrado, con duda, incertidumbre, frustración, pero con la seguridad de que Dios es la única salida a tantos problemas.

En él veo valentía y unos deseos enormes de conocer la Palabra, de congregarse. De una manera admirable, lo escucho decir: «Tengo paz, Dios está conmigo y Él hará algo». Estar a su lado en la iglesia y verlo alabar a Dios ha sido el precioso regalo después de ver a mi padre orar y levantar sus manitos a Dios. En realidad, esto es lo más hermoso que he visto en mi familia. Le di tantas gracias a Dios, una y otra vez, que dije: «Señor, tú eres fiel. Gracias, mi Jesús».

Por eso te exhorto a que no te desanimes, y lo digo en los dos sentidos. Si estás pasando por situaciones tan difíciles que crees que tu vida no tiene valor y quieres encontrar esa paz de la cual te estoy hablando, solo tienes que tomar la decisión de abrir tu corazón y aceptar que Jesús entre a tu vida.

De igual manera, te ruego que no dejes de orar por tus seres queridos. No te desanimes porque pasan los años y ves que nada sucede. Sigue pidiéndole a Dios que en el tiempo de Él lo verás, como hoy puedo testificarte de mi familia. Por lo menos papá, mamá y mis hermanos y yo estamos ya convertidos. Por eso solo deseo dejarte en tu corazoncito lo siguiente: El único camino, la verdad y la vida es *Jesús*.

Esta semana toma este testimonio como motivación para hablarles a otros de la Palabra. Medita en el regalo tan grande que puedes darle a alguien con solo testificarle de Dios o hacerle la oración de *fe*.

Mi oración

Amado Dios:

Te damos gracias por esta semana de testimonios que nos estás regalando, pues sabemos, Señor, que cada testimonio que podamos dar traerá esperanza a los que no tienen ninguna.

En primer lugar, te doy muchas gracias, mi Jesús, por darme la oportunidad de ver con mis propios ojos la entrega de mi hermano a tus caminos. Esto llenó mi vida de gran alegría y puedo decir de corazón: *Gracias por tu fidelidad, gracias porque cumples lo que prometes, gracias porque puedo testificarlo en la radio, en este libro y a todos los que tenga la oportunidad de hacerlo.*

Dios mío, quiero también esta semana presentarte a cada una de las personas que están orando por sus familias y amigos para que lleguen a conocerte. Señor, anímalos a seguir intercediendo para que no se desalienten, sino que puedan esperar en ti y así testificar de tu poder, de tu amor y de tu gloria.

Es mi oración, mi Dios, por cada persona que aún no te conoce. Permite que abran sus corazones y reciban tu amor y todas las bendiciones que tienes separadas para cada uno desde siempre.

Dios mío, que esta semana podamos dedicar el tiempo para hablarles a otros de tu amor y así puedan hallar la verdadera felicidad y la vida eterna.

Todo esto te lo suplicamos en el nombre de Jesús, amén y amén.

Escribe tu oración a Dios y pídele que te
ayude a ser agradecido por su fidelidad y
por todo lo que Él hace cada día en ti.

Tu oración

Semana 33
Cuidados intensivos

El fruto del justo es árbol de vida;
y el que gana almas es sabio.

PROVERBIOS 11:30, RV-60

Con este título no me refiero a la sala de un hospital, ni a los cuidados extremos que necesita un enfermo grave. Me refiero a los cuidados que necesita toda persona que llega un día a un lugar como la iglesia, una reunión en una casa de familia o sencillamente en lo privado para hacer lo que hemos suplicado en oración... ¡entregarse a Cristo! Ese día, si fue en la iglesia, el pastor se pone muy feliz, oran por esa persona, aplauden todos y hay fiesta hasta en los cielos.

Sin embargo, ¿qué pasa al otro día? ¿Qué pasa con esa personita que no entiende a ciencia cierta lo que hizo? Está llena de dudas respecto a lo que viene ahora en su nueva vida como cristiano. Quizá lo que viera en otros no lo quiera vivir. Por lo general, su vida está llena de problemas y necesita con urgencia la intervención de nuestro Médico de cabecera, Dios.

¡He hablado con tantas personas que se han sentido descuidadas en la iglesia! Muchas llevan semanas, meses y nadie se les ha acercado. No quiero generalizar, deseo creer que un por ciento enorme de las iglesias atiende a los nuevos convertidos.

¡Seamos sensibles al llamado de emergencia de otros! Pongamos en práctica el evangelio.

Este ejemplo lo veo muy claro. Cuando llegamos a los pies del Señor, repito, venimos heridos. Es como llegar a un hospital y nos llevan a la sala de urgencias para revisarnos. Nos hacen análisis de sangre y pruebas de todo tipo para saber lo que tenemos y no nos dan de alta hasta que los médicos comprueban que estamos fuera de peligro. Ahora bien, si encuentran algo grave, nos dejan hospitalizados y nos atienden con más cuidado, pues necesitamos supervisión.

En la vida cristiana sucede algo similar. Llegamos heridos de gravedad a las iglesias y requerimos de *cuidados intensivos*. Esas personas que acaban de llegar, unas más graves que otras, no las podemos dejar a la deriva. Esto fue lo primero que me dijo mi hermano «el junior»: «No sé cómo orar, no sé cómo se ayuna. Me siento desorientado. Necesito alguien que me ayude, me guíe».

Si eres líder, pastor, mentor o solo testigo de alguien que comienza en los caminos del Señor, bríndale ayuda y conocimiento en esta semana. Llámalo por teléfono, apóyalo, enséñale cómo empezar a leer la Biblia. Recuerda que muchos serán la primera vez en su vida que tengan una Biblia en sus manos. Saca de tu tiempo y visita a esa personita.

No obstante, mi amigo, lo más importante es que ores por esa persona. Recuerda que por momentos podrá dudar si lo que hizo fue su mejor decisión. El mundo y la gente que le rodean le seguirán brindando lo que considera llamativo. Solo nosotros con esos cuidados intensivos seremos capaces de distinguirnos al animarlos y al decirles cuánto los ama Dios, así como su enorme sacrificio al dar a su único Hijo, Jesús, para que muriera en la cruz y que con su sangre limpiará nuestros pecados. ¡Seamos sensibles al llamado de emergencia de otros!

En el resto de la semana, pongamos en práctica el evangelio. Que no sean solo hermosas palabras, correos electrónicos con mensajes espirituales y profundos, sino vayamos más allá. Hagamos una llamada, una visita, una oración o solo, como muchas veces yo lo he sido, una oreja grande que aprendió a escuchar.

Mi oración

Dios mío:
Gracias por esta nueva semana. Nos presentamos delante de ti con el ánimo de agradarte y hacer tu voluntad. Te necesitamos, queremos llenarnos cada día más de ti, de tu Palabra, para que cuando otros lo necesiten, tengamos qué darles.

Hoy nuestra oración es para que nos hagas sensibles a las necesidades espirituales de otros. Que podamos ser esa guía que busca alguien. Por eso, permite que no se nos olvide de dónde tú nos sacaste y cómo estábamos cuando llegamos a conocerte.

Quita todo espíritu de burla y de crítica, y pon en cada uno de nosotros más misericordia y amor para poder poner en práctica tu Palabra.

Ayuda, Señor, a los que están comenzando en el evangelio, de modo que puedan encontrar respuesta a sus preguntas. Dales el valor, la paz y el gozo a pesar de las adversidades de la vida.

A los líderes espirituales, dales estrategias para que puedan atender a cada persona que llega nueva a la iglesia. Que aunque sean iglesias enormes, nunca pierdan el cuidado de cada ovejita. Que pongan en práctica ese antiguo himno que habla de las cien ovejas. Cuando una se aparta del redil y se pierde, el pastor se da cuenta enseguida y va en su busca.

Señor, ayúdanos a mantener el servicio tal como tú lo planificaste y que no nos desubique el tamaño de la congregación, la palabra del pastor, ni las manifestaciones que podamos presenciar, sino que veamos la necesidad inmediata.

En el precioso nombre de Jesús, amén.

Escribe tu oración a Dios y pídele que
te dé la sabiduría necesaria para ayudar a
alguien que comienza en sus caminos.

Tu oración

Semana 34
Jóvenes en busca de...

Padres, no exasperen a sus hijos, no sea que se desanimen.

COLOSENSES 3:21

Mientras escribía este segundo libro, Dios me permitió promocionar mi primer libro, *Un día a la vez*. Debido a eso, he podido llegar a diferentes lugares y tener distintas experiencias. Sin embargo, esta que te voy a narrar fue excepcional. Puedo decirte que fue un reto que se me presentó, lo acepté y Dios me respaldó.

Sucedió el viernes 9 de octubre y la cita fue en el estacionamiento de la Iglesia Bautista sin Paredes en Puerto Rico. El grupo anfitrión lo componía unos doscientos jóvenes de la iglesia local y dos congregaciones invitadas. Era noche de jóvenes. Las edades oscilaban entre nueve y veinticinco años. Las sillas no alcanzaron, lo que obligó a muchos a sentarse en las aceras.

Me sentía un poco nerviosa, pues era la primera vez que les hablaría a tantos jóvenes. A decir verdad, estoy acostumbrada a hablarles a padres, pero Dios lo permitió y, al pasar unas cuantas horas, vi su propósito.

Mi oración era que Dios me diera una estrategia para captar la atención. En primer lugar, no es fácil dirigirse a los adolescentes y, en segundo lugar, si les caes mal, pierdes su atención. Gracias a Dios y a su favor logré charlar con ellos por una hora y ver en sus rostros el interés

¿Qué estamos haciendo como padres? ¿Adónde estamos llevando a nuestros hijos?

y a veces la risa, cuando algo les parecía chistoso. También pude ver el quebranto cuando se les pidió que hicieran en voz audible una oración, acompañada de un pacto de santidad.

Fueron momentos muy especiales donde vi el respaldo de mi Jesús. No se escuchaba ni el vuelo de una mosca. En el momento del llamado, ese altar se llenó de jóvenes que pasaban llorando, abrazados unos con otros, y se sentía la presencia de Dios. Le di gracias a Él por haberme dado las palabras y la manera de testificarles sobre hacia dónde me llevaron mis errores de la juventud. Además, les dejé en sus corazoncitos la esperanza de poder ser jóvenes radicales en Cristo.

Una vez terminado el servicio, pasó lo que menos me imaginaba, y es que esa reunión con música, comida y tanta juventud terminara en una noche de consejería. Poco a poco, y hasta con timidez, los chicos se me fueron acercando y tuve la oportunidad de escuchar casos terribles de desamor por parte de los padres, abuso y abandono, de jovencitas embarazadas de sus novios, hermanos en la cárcel, otros en drogas y yo solo decía: «¡Cuánta necesidad! ¿Qué estamos haciendo como padres? ¿Adónde estamos llevando a nuestros hijos?». La ausencia de amor, de un papá en casa y de una mamá amorosa los está lanzando a las calles, a las drogas, a buscar por error el amor en cualquier persona, con tal de salir de casa y dejar de sufrir.

Papá y mamá que leen este devocional, futuros padres de familia, meditemos en qué estamos haciendo con nuestros hijos, qué estamos haciendo con esa herencia que Dios nos dio que son ellos. ¿Sabes que tendrás que dar cuenta a Dios por la vida de cada uno?

Te llevo esta semana al reto de pedirle perdón a Dios por tus errores y, luego, a que busques a tus hijos. Sin importar la edad que tengan ni dónde vivan, debes pedirles perdón. Estoy segura que Dios, en su inmensa misericordia, les dará una nueva oportunidad de restablecer esas relaciones y sanará sus corazones.

Mi oración

Dios mío:

Venimos con un corazón arrepentido porque nos estás mostrando a lo que pueden llegar nuestros hijos por nuestra culpa debido a los maltratos, las injusticias, los abusos, las drogas y nuestro mal ejemplo.

Te pedimos, Señor, que nos perdones por haber sido tan irresponsables. Te pedimos perdón por las veces que los hemos humillado, por las veces que los hemos maltratado sexualmente, perdón por haberlos lastimado y ofendido, por haberlos hecho sentir miserables al recriminarlos por su nacimiento, perdón por haber provocado su muerte, perdón por los abortos, perdón por haber entregado esa herencia a una casa de adopción... ¡Perdónanos, Señor!

Hoy ha pasado el tiempo y puedo entender mis errores y necesito de tu ayuda para pedirte que intercedas por mí, a fin de que mis hijos me perdonen y sanes las heridas causadas por mí.

Aunque sea tarde, te pido perdón por no valorar ese hijo cuando estaba vivo. Hoy con mi corazón desgarrado y llorando su ausencia lamento no haber disfrutado esa hija antes de morir, ese hijo que nunca abracé, que nunca le dije «Te amo».

Hoy hago un pacto contigo de cambio y decido darles todo el amor que necesitan, todas las palabras de afirmación que nunca han escuchado y a darles un buen ejemplo.

Gracias por tu perdón, Señor.

En el nombre de Jesús, amén.

Escribe tu oración a Dios y pídele que ayude a cada papá y mamá a ocuparse de sus hijos y a sembrar en ellos su amor.

Tu oración

Semana 35
Padres que no quieren a sus hijos

Con amor y verdad se perdona el pecado,
y con temor del SEÑOR se evita el mal.

PROVERBIOS 16:6

Quizá parezca imposible que alguien no quiera a sus hijos, que no le despierten algún tipo de ternura a una mujer cuando sabe que está embarazada y que lo único que pase por su mente sea la palabra *aborto*.

¡Qué triste es saber que muchas no abortan, pero traen al mundo un bebé que será el que pagará todo el desprecio, el maltrato y, en muchos casos, el abandono! ¡Qué doloroso es saber que hay padres que ese título les queda grande, que no tienen la más remota idea de lo que significa y la responsabilidad tan enorme ante Dios de lo que hacemos con ellos! ¡Qué humillante es saber que hombres y mujeres han dedicado sus años a hacerles imposible la vida a sus hijos, explotándolos sexualmente, maltratándolos de manera verbal y física!

Se trata de padres que los crían con insultos y menosprecios, y que ni por la mente les pasa que están creando a los futuros drogadictos, abusadores, violadores, enfermos mentales, depresivos... ¡y sabrá Dios qué más!

«¿Qué
están
haciendo
con sus
hijos?
¿Adónde
los están
llevando?»

He tenido la oportunidad de hablar con jóvenes que están en problemas de drogas o en pandillas. Jóvenes que, a su corta edad, han estado ya en la cárcel. Muchachos que han tenido experiencias tan fuertes que sus vidas están marcadas por el dolor. Muchos me han confesado cómo son sus padres con ellos, o cómo un padrastro acabó con la paz en su casa, o cómo mamá los trataba desde que nacieron y cómo sus cuerpos llevan las marcas del maltrato. Todos coinciden con lo mismo: «Caí en esto porque me sentía solo», «Me fui con ese hombre porque estaba cansada de los abusos de mi papá», «Estoy en las pandillas porque allí encontré lo que nunca hallé en mi casa», «Estoy en las drogas y el alcohol porque esa es la única manera de desahogarme y olvidar mi dolor».

Sin embargo, lo que me ha partido el alma es cuando muchos me han dicho: «Yo quisiera una mamá como tú, que me quiera, me consienta, me comprenda, que me llame princesa como le dices a tus hijas, que me trate bien». ¡Ay, esto ha sido muy fuerte para mí! Por eso, he sentido una gran responsabilidad de decirles a todos los padres de familia: «¿Qué están haciendo con sus hijos? ¿Adónde los están llevando?». Por favor, deténganse ya, las consecuencias van a hacer terribles. No podemos seguir así. Dios nos pedirá cuentas a cada uno de nosotros. Esta semana, hoy mismo, mira a esos hijos y lo que veas en ellos es lo que tú has creado.

También hay mujeres que meten en sus casas hombres que ni conocen, solo por tener relaciones sexuales. Con esto, no se dan cuenta que tienen dentro un abusador que, en el momento menos pensado, se ponen a manosear a sus hijas. Lo más triste de todo es que muchas de esas hijas han denunciado ante sus madres esos abusos y no les han creído. ¿Cómo pueden creerle más a un tipo que acaban de conocer que a su nenita?

Mi oración, mis queridos oyentes y lectores, es que Dios nos revele lo que estamos haciendo con nuestros hijos. Que el Espíritu Santo no nos deje en paz, que no podamos dormir, sino que nos sintamos lo bastante culpables hasta arrepentirnos.

Mi Dios:
Me presento delante de ti como intercesora de miles y miles de padres de familia que se sintieron descubiertos y culpables con esta lectura. Que se han dado cuenta que lo que han hecho con sus hijos no tiene justificación y que el daño solo tú, de una manera milagrosa, puedes sanar aunque en sus cuerpos queden para siempre las marcas del abuso.

Dios mío, te ruego por cada persona que no ha sabido ser padre y que por estar llenos de rencor, frustración y amargura se han desquitado en la vida de sus hijos. Intercedo por ellos para que les des una oportunidad de arrepentirse y puedan de ahora en adelante ver a sus hijos con amor.

Sé que todo lo que hacemos tiene consecuencias y que la falta de perdón puede estar en los corazones de los hijos despreciados y rechazados. Mi Dios, te suplico que sanes a esas familias, y permite que puedan recuperar el tiempo perdido.

Por último, te ruego por todos los hijos que han vivido este calvario y que se han tenido que aguantar en silencio ese inmenso dolor. Te pido por ellos para que no repitan la historia en la vida de sus hijos, sino que puedan sanar sus vidas y ser padres que amen y valoren esos seres inocentes.

Sana nuestra tierra, mi Dios.

Todo esto te lo pedimos en el nombre de Jesús, amén y amén.

Escribe tu oración a Dios y pídele que te muestre lo que puedes hacer para ayudar a los jóvenes a tener un encuentro de salvación con Él.

Tu oración

Hijos que no quieren a sus padres

Él sana a los quebrantados de corazón, y venda sus heridas.

SALMO 147:3, RV-60

Podemos ver con claridad, sobre todo en estas dos últimas semanas, algo que ya hemos aprendido acerca de una ley divina. Se trata de la ley de la siembra y la cosecha que, por error, algunos creen que solo se ajusta a las finanzas, pero se olvidan que esta ley, al igual que la ley de la gravedad, se da porque se da.

Además, tiene toda la lógica del mundo si como hijos, solo sufrimos maltratos, desprecios y rechazos, si desde que tenemos uso de razón solo recordamos los insultos de nuestros padres, los golpes de nuestra madre y los abusos de los padrastros. ¿Qué más vamos a tener en nuestros corazones sino un inmenso rencor y en muchos casos hasta odio? Un odio que ha crecido con el paso de los años y que mantiene los corazones de esos hijos endurecidos por completo debido a la vida de sus padres.

Esta semana quiero hablarte a ti, querido hijo o hija, del maltrato. Quiero que sepas que te entiendo, no porque fuera víctima de abuso, no, gracias a Dios, pero sí recuerdo que la disciplina de mi madre era muy fuerte, aunque siempre tuve su amor y su cariño.

No puedo entrar en tu corazón y en tu mente y cambiarte lo que sientes. Aun así, mi deber como portavoz de la Palabra de Dios es llevarte a una verdad que debes conocer y aplicar lo más pronto posible. Esa verdad es que, como hijos, debemos perdonar a nuestros padres y debemos honrarlos. Es más, como hijos de Dios, tenemos el deber de ser ejemplos de nuestra conversión.

Quiero que seas feliz y puedas recibir de papito Dios todas las bendiciones.

Sé que todo esto parece absurdo, y preguntarás: «¿De qué manera les voy a perdonar si no les importo?». Sin embargo, solo te invito a que vivas esto como principio, como un deber que nos pide Dios, a fin de que *tú* puedas liberarte de esas ataduras, logres perdonar y, al final, recuperar los años perdidos siendo un excelente hijo.

Quiero que seas feliz y puedas recibir de papito Dios todas las bendiciones, pero para eso debes vivir este mandamiento que Dios dejó establecido: «Honra a tu padre y a tu madre» (Éxodo 20:12).

Piensa que ellos tendrán que rendir cuentas por sus actos, pero tú también tendrás que hacerlo. Aunque tu mamá haya sido para ti la peor madre y aunque tu papá haya sido una pesadilla en tu vida, hazlo por ti, por tu felicidad, por tu libertad, por tu amor a Dios y por obediencia. Además, debes hacerlo para que cortes esa cadena de maldición en tu familia. Piénsalo, alguien tiene que hacerlo, y si eres hijo del rechazo, debes hacerlo. Así le darás libertad a Dios para sanar esas vidas de modo que sean unos padres dignos de imitar.

Una vez que cumplas este principio, te darás cuenta que las cosas en tu vida comenzarán a cambiar de manera milagrosa. Las cosas que quizá hayas anhelado toda la vida, las verás hecha realidad ahora en el nombre de Jesús. No te arrepentirás, créeme, pues lo mejor que podemos hacer en esta vida es perdonar a los que nos ofenden.

Alguna vez aprendí que también podemos perdonar aun cuando las personas estén en otros países o hayan fallecido. Tú puedes hacerles una carta y allí expresar todo lo que te dolió y te ofendió. Sé que eso te ayudará a soltar esa pesada carga.

Mi oración

(Antes de esta oración, te pido que repitas en voz alta las palabras y escribas en las líneas los nombres y las circunstancias que sabes que debes entregarle a Dios con la esperanza de perdonar y restaurar tu vida).

Mi Dios:

Te damos gracias porque nos permites poner en orden nuestra vida. Nos unimos como una gran familia todos los hijos del abandono, del abuso, del rechazo y de la violación.

Señor, necesitamos honrar a nuestros padres aunque no sea nada fácil. Sabemos que eres un Dios poderoso y que mediante esta oración de compromiso lo lograremos en tu nombre.

Ahora me comprometo a lo siguiente:

Yo _____ me presento delante de ti porque deseo sanar mi corazón de todos los abusos a los que me vi expuesto: _____, _____, _____. Sé que confesándolos en este día y en esta oración, tú, mi Dios, sanarás estas heridas que dejaron mis padres, mis padrastos o los familiares que me maltrataron. Yo confieso que los perdono, los libero y también me declaro libre de toda maldición generacional. Dejo atrás todo dolor, fracaso, tristeza, violencia, rencor, rechazo y vergüenza como parte de mi pasado. Y declaro ahora que soy_____, _____, _____.

Además, les testificaré a todos la grandeza de tu amor y sé que serviré de inspiración a muchas personas que viven este enorme dolor y que no saben cómo perdonar.

Gracias, Señor, pues recibo mi sanidad ahora mismo en el nombre que es sobre todo nombre... *Jesús*.

Recibo esta nueva semana feliz, optimista y seguro en *ti*.

En el nombre de Jesús, amén y amén.

Escribe tu oración a Dios y pídele que te ayude cada día a rechazar todo lo que te impida honrar y amar a tus padres.

Tu oración

Semana 37
Quinientos mil jóvenes atentan contra su vida

Devorará a la muerte para siempre; el SEÑOR omnipotente enjugará las lágrimas de todo rostro, y quitará de toda la tierra el oprobio de su pueblo. El SEÑOR mismo lo ha dicho.

ISAÍAS 25:8

Si lo analizas, nos referimos a medio millón de jóvenes que tratan de suicidarse cada año en Estados Unidos. De esos, cinco mil lo logran. Las edades en riesgo son entre quince y veinticuatro años, y entre diez y catorce años viven en depresión.

Cuando escuché este informe, acababa de terminar los capítulos de los jóvenes y de los hijos. Así que Dios me permitió ver mucho más profundo este problema, que nos debe interesar a todos. Soy madre de dos adolescentes y no quisiera jamás que ninguna de las dos pasara cosas tan dolorosas en sus vidas que las llevaran a pensar en quitarse la vida.

No obstante, es tanta la desesperación de los jóvenes que no encuentran salida a sus problemas, no tienen un papá, ni una mamá a quien decirle de corazón lo que tienen, que no les queda otra salida que la de desaparecer (suicidarse o, por lo menos, intentarlo).

Mi llamado en esta semana es a que cuidemos al máximo el comportamiento de nuestros hijos.

Muchos logran quitarse la vida con una sobredosis de medicamentos, pero la más común es con armas de fuego que encuentran en sus propias casas.

En ese informe que escuché, y como confirmación de lo que hablamos antes, el índice más alto de los jóvenes que consideran el suicidio está en los que no se llevan bien con sus padres. También lo hacen cuando pierden un ser querido, se desilusionan por amor, múltiples mudanzas o porque se sienten rechazados en sus casas y en las escuelas.

Aun cuando amamos a nuestros hijos, no los debemos descuidar en esas edades tan importantes. Si bien creemos que les estamos dando suficiente atención, quizá se encuentren en una fuerte depresión. Según el informe del Departamento de Control y Enfermedades, los niños pueden estar deprimidos desde los diez años de edad.

Mi llamado en esta semana es a que cuidemos al máximo el comportamiento de nuestros hijos. No los dejemos con sus problemas, involucrémonos en sus vidas, observemos si tienen cambios en su comportamiento y, si aun cuando están enojados amenazan con querer quitarse la vida, esa podría ser una señal de que algún día podrían llevarlo a cabo.

La clave está, y en esto coincido con los psicólogos, en que si vemos algo extraño en ellos o encontramos cartas donde quizá insinúen lo que están viviendo, busquemos ayuda. Existen organizaciones comunitarias e iglesias que están dispuestas a ayudarnos en estos problemas.

Si eres un joven y estás leyendo este libro, estas palabras son para ti. No vale la pena quitarse la vida por nada ni por nadie en este mundo. Ni siquiera por esa traición de la persona a la que le diste todo tu amor, ni por el abandono de tus padres, ni por el rechazo de tus amigos, familia o compañeros de clase que se burlan de ti.

Nada de esto merece que trunques tu vida. Vamos, te animo a que le des un lugar a Dios. Créeme, *todo tiene solución*, menos la muerte. Y, si no lo sabes, la consecuencia de quitarse la vida es pecado. Así que lucha, sé valiente y pide ayuda, pues con Dios a tu lado tienes la batalla ganada.

Mi oración

Señor:

¡Que tristeza siento en mi corazón al saber que tantos jóvenes por estar sumidos en la tristeza y en la depresión se quitan la vida!

Lo que es más triste, mi Dios, es que en la mayoría de los casos los padres tienen mucha culpa.

Hoy, Señor, intercedo por esos adolescentes para que les ilumines, para que les des la salida a sus problemas y consueles sus corazones de manera que sean capaces de superar esas crisis sin tener que llegar al extremo del suicidio.

Te pido por los padres de familia para que les des sabiduría a fin de que aprendan a conocer a sus hijos, sepan ganarse su confianza y puedan discernir su estado anímico de tal modo que lleguen a evitar una tragedia.

Quita, por favor, la indiferencia de los padres hacia sus hijos. Llénalos en este momento de amor por ellos, y que si no pueden convertirse en sus amigos, al menos logren ser sus consejeros.

Te presento también a cada persona que ha tenido en su mente día a día la idea de quitarse la vida. Quizá hasta ya tengan planeado cómo hacerlo y cuándo hacerlo a fin de cumplir su mortal plan. No lo permitas, mi Jesús. Dales una nueva esperanza.

Permite también que puedan tener un encuentro personal contigo, que en este momento sientan tu presencia y quiten de sus mentes esa idea.

En el nombre de Jesús, amén y amén.

Escribe tu oración a Dios y pídele que
te ayude a ser luz para tantos que están
sumidos en las tinieblas de la depresión
y el desamor.

Tu oración

Semana 38
El milagro
de la sanidad

*Encomienda al Señor tus afanes, y él te sostendrá; no
permitirá que el justo caiga y quede abatido para siempre.*

Salmo 55:22

Muchos de ustedes, estimados oyentes y lectores, conocen
mi testimonio, pero una gran mayoría no. Aunque en mi
primer libro dediqué varios capítulos a narrar este milagro
de vida, no podría dejar pasar esta nueva oportunidad para decir que
soy un testimonio de sanidad.

Nunca pensamos que algún día nos podemos llegar a enfermar y
estar tan graves como para pensar en perder la vida. Cuando nos llega
esa situación, nos descontrola de verdad, nos saca de nuestras casillas,
sentimos temor a no sobrevivir y nos preocupan muchas cosas.

Durante toda mi vida sufrí de una condición con mi colon. Padecía
de muchos problemas, y aunque ya me habían operado y me habían
quitado gran parte del intestino, nunca pensé que a los años se volvería
a repetir esta condición. El colon, o lo que me quedaba de él, se torció
y produjo un colapso que me llevó a una sala de operaciones para
removérmelo casi todo. Gracias a Dios y a los cirujanos que lograron

hacer un injerto con el intestino delgado, pude sobrevivir a esa arriesgada operación.

A los dos días, para sorpresa de los médicos, empecé a perder sangre, lo cual me llevó de nuevo a una segunda operación. Esta vez, una de las paredes del estómago causaba la hemorragia. En cuanto salí de esa operación, empecé a recibir sangre hasta completar trece transfusiones.

Te invito a poner tu fe a prueba y le des la oportunidad a Dios.

En esos momentos sentía que mi vida se apagaba. Los dolores eran tan terribles que ni la morfina me calmaba. Entre dolores, noches de insomnio, diarreas crónicas, un rechazo total a la comida y una bacteria que casi me mata, pasé un mes y medio en el hospital.

En mi casa había tristeza y desolación. Mis princesas temían que mami no resisitiera. Los oyentes de la radio hacían grandes cadenas de oración y yo sin reprocharle al Señor esta situación. Solo le pedía que me extendiera la vida para disfrutar a mis hijas. La recuperación duró dos años. Ocho veces regresé grave al hospital por recaídas y me costó casi un año volver a recuperar peso.

Sin embargo, mi Dios, que es lo mayor que tengo, me enseñó a depender por completo de Él. Me mostró que mi vida estaba en sus manos, me regaló una hermosa promesa en Jeremías 30 y la cumplió al pie de la letra. Por eso hoy te testifico que Dios es real y que Él cumple lo que promete.

Recuerda que Dios todo lo permite con un propósito. En esa prueba le conocí cara a cara. Vi su misericordia cada día, sus cuidados y su amor. No obstante, allí en ese frío hospital, Dios formó mi carácter y pulió mi vida.

Ahora valoro cada minuto de mi vida. Además, les digo a mis hijas que son unas princesas y que las amo. A mi madre la amo más que nunca por sus cuidados y la honro. A mi padre lo respeto y le digo cuánto nos ama Dios. Y a mis oyentes y lectores, les doy todos los días ánimo, valor, esperanza y consejos, y les exhorto a que aprendan a descansar en Dios.

No sé cuál sea el milagro que necesitas en tu vida, pero te invito a poner tu *fe* a prueba y le des la oportunidad a Dios de manifestarse de una manera majestuosa.

Mi oración

Bendito Dios:

¡Qué maravilloso eres tú! Hoy, mi Dios, vuelvo a ti con un corazón agradecido a causa de tu milagro de sanidad. Gracias, Señor, por haberme extendido la vida. Gracias por cumplir esa promesa hermosa que me diste y por permitirme disfrutar de una vida sana al lado de mi familia.

Grandes son tus obras y yo te alabo, mi Jesús.

Entrego, mi Dios, este capítulo de mi testimonio como una ofrenda de agradecimiento, porque sé que motivará a otros a creer en ti y llevará a muchos a extender su *fe* al máximo para esperar esos milagros.

Ahora te presento en esta oración a cada una de las personas que están leyendo el libro para que las bendigas en gran medida y que les demuestres día a día tu amor y tu misericordia.

Te ruego que escuches su petición y contesta, Señor, de acuerdo con tu voluntad. Extiende, mi Dios, su fe y manifiéstate en sus vidas para que nunca más tengan dudas de ti.

Gracias por esta nueva semana. Te pedimos que nos bendigas, nos guardes y nos acompañes en nuestros trabajos, estudios y todo lo que tengamos que hacer.

Bendice a nuestros hijitos, a toda la familia y acompáñanos en cada decisión que debamos tomar.

Todo esto te lo pedimos en el nombre de Cristo, amén y amén.

Escribe tu oración a Dios y pídele que te
ayude comprender que Él es real y que
cumple lo que promete.

Tu oración

Semana 39
El falso perdón

Examíname, oh Dios, y sondea mi corazón; ponme a prueba y sondea mis pensamientos. Fíjate si voy por mal camino, y guíame por el camino eterno.

COLOSENSES 3:21

El falso perdón es más común de lo que imaginamos. Perdonamos de dientes para fuera. Sin embargo, lo que no se tiene en cuenta es que ese perdón a medias hace muchísimo daño.

Creo que cada uno de nosotros ha escuchado o leído que el perdón de Dios es genuino. Nunca lo hace a medias, jamás lo hace por quedar bien con la humanidad, solo nos perdona porque nos ama. Asimismo, nos recuerda que debemos perdonar a los que nos ofenden y que debemos perdonar para que Él nos perdone.

Me aterro cuando veo a personas que ofendieron y hablan de que perdonaron, pero sus acciones las desmienten. Les muestran a otros el rencor que guardan y hablan mal de sus ofensores. Lo más triste es que todo esto lo mezclan con el amor de Dios. ¿Cómo lo hacen? Diciendo que son cristianos, yendo a una iglesia donde quizá les prediquen a otros que deben perdonar, pero no lo hacen.

Amigos, hay algo que debemos entender. Siempre nos humillarán y traicionarán. En realidad, así es la vida. Somos seres humanos con una enorme capacidad de fallarles a los demás, de hacer daño, de no soportar que a mi amigo le vaya mejor, de sentir envidias y celos. ¡Qué terrible!

Lo que no podemos seguir es esa línea de hipocresía. Debemos pedirle a Dios con todo nuestro corazón que nos ayude a tomar esa decisión de perdonar a los que nos han ofendido, y solo entre tú y Dios, guardar esa ofensa, esa traición. Entonces, en los momentos que te duela, que quieras gritar y hasta vengarte del que te hizo daño, llévalo ante Dios que está en los cielos. Él verá tu corazón y estoy segura que te ayudará y pondrá paz en medio del dolor.

Recuerda, del mismo modo que el amor es una decisión, también lo es el perdón.

Recuerda, al igual que el amor es una decisión, también lo es el perdón. Además, tienes que saber que el *perdón* trae muchos beneficios. En mi caso, decidí un día perdonar y lo hice de todo corazón. Con el tiempo, he podido ver el amor de Dios y sus enormes bendiciones sobre mi vida.

¿Qué sacas con no perdonar? Por eso te invito a que no lo pienses más. Si das el paso de perdonar y olvidar, de seguro que serás feliz. Antes de terminar, quiero darte algunos consejos prácticos para otorgar el perdón:

- Debemos perdonar porque Dios nos perdonó a nosotros nuestras faltas y aún lo hace. No se cansa de perdonarnos.
- El falso perdón solo te va a dejar una carga negativa en tu alma, pues no eres sincero.
- Recuerda que todos fallamos. También piensa que con la medida que midamos a otros, nos medirán a nosotros (lee Mateo 7:2).
- La mejor muestra de humildad es imitar a Jesús.
- No hables mal de quien te ofendió, no escribas mal de esa persona, no publiques nada donde puedas comprometerla. Piensa que pudieras ser tú el que esté expuesto, ¡y qué triste es que dañen tu testimonio y tu reputación por más que sea verdad!

Pensemos esta semana si hemos actuado de una manera que no le agrada a nuestro Dios y digámosle que nos ayude a mejorar y que nuestro deseo es cambiar.

Mi oración

Amado Jesús:
Sé que no hemos obrado de una manera que te ha agradado. Hemos ofendido y hecho más daño que las mismas personas que nos hicieron mal. Hemos obrado peor que los que nos agredieron. Aun así, hoy reconocemos que somos carnales y deseamos aprender cada día más de ti.

Ayúdanos en estos momentos a restaurar lo que hemos dañado, y si ahora somos nosotros los que necesitamos pedir perdón, danos la posibilidad de encontrar a la persona que debemos buscar para pedírselo.

Te amamos, Señor, y sabemos que nuestras actitudes te duelen. Por eso te suplicamos hoy tu perdón. Delante de ti nos humillamos y ponemos nuestro corazón herido para que lo sanes y le des lo que solo debes darle tú.

Sé que hemos obrado muchas veces con rencor y te pedimos excusas por eso.

Entregamos, Señor, el resto de esta semana en tus manos y te pedimos que nos acompañes en todas nuestras actividades.

Ayúdanos con nuestro carácter, ayúdanos como hijos de Dios a parecernos a ti. No queremos seguir como vamos.

Te amamos y te bendecimos.

En el nombre de nuestro amado Jesús, amén y amén.

Escribe tu oración a Dios y pídele que te
enseñe a perdonarles a otros sus ofensas.

Tu oración

Semana 40
¿Cómo aceptamos la muerte?
Primera parte

Mucho valor tiene a los ojos del Señor la muerte de sus fieles.

Salmo 116:15

¿Algún día aceptaremos la muerte de un ser querido? Sin duda, nuestra mente humana llegará a entender que para los que amamos a Dios y confiamos en Él, nuestra muerte o la de ese ser especial representa que estaremos en su presencia una vez que partamos de este mundo.

Nunca pensé que me tocaría experimentar la muerte de mis tres tíos por parte de mi padre en solo veinte días. Tengo que confesar que fue duro, sorprendente, me ha dolido mucho y me ha puesto a reflexionar.

Al poco tiempo de la muerte de mis tres tíos murió un jovencito de mi iglesia, Andrés, del cual admiraba su entrega al Señor. A pesar de su enfermedad, y aunque casi vivía en el hospital, sentí mucho su partida y me dolió ver llorar a mis hijas. Esa muerte tocó mucho mi corazón y me ha hecho madurar aun más en este aspecto.

Con la muerte de mis tíos aprendí cosas diferentes y creo que veo la vida de otra manera. En primer lugar, ser conscientes de que la vida se nos puede escapar como un suspiro, que hoy estamos acá y en horas no sabemos, pues la muerte puede llegar a cualquier edad y de diferentes maneras.

Uno de mis tíos, vivió por más de treinta años en Nueva York y, aunque tenía su vida organizada, se sentía muy solo. No tenía hijos, pero sí mucha gente que lo amaba y valoraba su servicio en la iglesia católica. Ese sí fue un gran servidor.

Viviendo solo tantos años, admiraba cómo estaba listo para partir. En un testamento especificaba qué hacer con sus cosas personales y las de su apartamento. Todo lo que se necesitó en el hospital para su seguro se encontraba en carpetas muy bien identificadas y claras... ¡Increíble!

Sin embargo, en cuanto a la muerte del querido tío Herbitor, es lamentable que tenga que reconocer que no quería vivir. En sus últimos meses de vida, estaba muy agobiado por su soledad y se obsesionó con que quería morir porque su vida no tenía sentido. Mi conclusión es que se dejó morir. Aún no entiendo cómo en un mes una persona desarrolló el máximo de la enfermedad de Alzheimer, la demencia y la depresión.

La muerte de mi tío Germán sí que nos dejó helados, pues se le complicó algo del colon. Lo operaron y, aunque salió de ella, no resistió la recuperación. De un día para otro murió en Bogotá. Me sentí muy identificada, pues esa misma operación fue la que me realizaron a mí. Sin embargo, nuestras recuperaciones fueron muy distintas. En mi caso, estaba aferrada a la vida y llena de fe, pues conocía a Dios. Mi tío el escritor, en cambio, siempre estaba sumido en una profunda depresión, sin deseos de vivir.

La muerte de mi tía Leonor, mujer entregada por completo a Dios, fue un ejemplo. A pesar de su delicada salud y de estar los últimos años postrada en cama, jamás se quejó ni renegó contra Dios, pues siempre pedía que se hiciera su voluntad. Admiré de ella su fortaleza y su ternura, y estoy casi segura que murió en completa paz. De ella aprendí lo hermoso que es poder estar llenos de amor, de compasión y de ternura toda la vida.

La vida se nos puede escapar como un suspiro.

Mi oración

Señor:

Te doy gracias en medio de la tristeza que significa perder un ser querido. Claro, en este caso, se trata de la muerte de mis tres tíos en tan pocos días. Sé que no ha sido fácil de asimilar, pues quedan muchas preguntas sin respuesta. Sin embargo, algo que he aprendido es a no cuestionarte y mucho menos a discutir contigo, porque sé de tu soberanía.

Lo que sí puedo decir, mi Dios, es que de la muerte de cada uno de mis tíos aprendí algo. Pude ver la diferencia de conocerte, de tenerte en mi corazón y saber que contigo estoy segura, aun en medio de mi enfermedad. Además, cuando estuve a punto de perder la vida, me aferré a tus promesas sabiendo que me sacarías de esa enfermedad.

Padre, hoy te ruego por cada persona que ha perdido un ser querido. Te pido por esa madre que perdió a su hijo amado y se encuentra en este momento viviendo esa soledad y tristeza. Dale, mi Dios, la fuerza para que sea capaz de superar esta pena y pueda aferrarse a ti. También ayuda a las viudas y a los viudos para que puedan verte a ti como esa persona que llena todos los vacíos de nuestra vida.

En fin, Señor, enséñanos a entender la muerte como tú deseas que lo hagamos y que podamos enfrentarla con mucha madurez.

Gracias, mi Dios, porque leyendo tu Palabra sabemos que cuando estemos en tu presencia, se acabará el sufrimiento, ya no habrá más dolor, ni enfermedad, y será el momento perfecto para vivir a tu lado por toda la eternidad.

Te amo, Padre, y en el nombre de tu Hijo Jesús oramos, amén y amén

Escribe tu oración a Dios y pídele que te ayude entender que los que mueren en el Señor vivirán con Él para siempre.

Tu oración

Semana 41
¿Cómo aceptamos la muerte?
Segunda parte

*Hermanos, no queremos que ignoren lo que va a pasar con
los que ya han muerto, para que no se entristezcan como
esos otros que no tienen esperanza.*

1 Tesalonicenses 4:13

Casi todos los días nos enteramos de la muerte de alguien y siempre es algo que nos conmoverá. Antes de la muerte de Andresito, niño de cinco años, oramos con mucha intensidad. Incluso, se hizo una cadena de oración, pues creíamos desde lo más profundo en un milagro. Durante su gravedad, el niño quedó en coma, y cuando lo daban por muerto, volvió a respirar por sí solo. Por lo tanto, despertó la esperanza y oramos dando gracias a Dios por ese hermoso milagro. Sin embargo, las cosas cambiaron en unas horas cuando recibí un mensaje que decía: «Ahora Andresito sí está con los ángeles en el cielo».

Como este caso, hay millones donde se pierde la esperanza y la pregunta de los padres es esta: «¿Por qué? ¿Por qué si era apenas un niño inocente?». Jamás y nunca tendremos respuesta, al menos acá en la tierra, de las cosas que permite Dios. Creo que cuando estemos en su presencia entenderemos de qué libró a ese ser querido. Recordemos que solo Él tiene la respuesta.

¿Estamos preparados para morir? ¿Estamos listos para rendirle cuentas a Dios por nuestra vida? ¿Sabemos cómo están nuestras relaciones familiares y sociales? ¿Estamos endeudados y les dejaremos esa herencia a nuestros hijos? ¿Delegamos en otros lo que hacíamos en el trabajo o nunca nos reprodujimos en alguien por temor a que nos quitaran nuestro puesto? ¿Están *todas* las cosas en orden como para que un día podamos darnos el lujo de desaparecer?

Antes pensaba: «¿Para qué testamentos? Eso es para los que tienen dinero o fortuna. ¿Para qué seguro de vida? Eso es para que los que queden vivos se peleen por el dinero». ¿Tenía razón o no? Hemos escuchado que familias enteras entran en graves conflictos cuando muere ese ser «tan querido» y después todos quieren repartirse lo que queda.

Amigos, esto es tan real y frío como la misma muerte. Por eso es que he aprendido la lección y estoy empezando a preparar las cosas. Por favor, no te asustes. Solo lo digo debido a mi sentido de responsabilidad, pues he decidido tener todas mis cosas en orden, más de lo que las tenía, a fin de que mis princesas sepan la clave de mi tarjeta del banco, lo que estoy pagando y lo que ya está pago. Además, un seguro de vida que no serán millones, pero con el que podrán resolver y, por supuesto, una cuenta de ahorros donde de seguro podrán encontrar algo de lo mucho que me ha dado Dios. A esto me refiero cuando hablo de tener todo en orden.

¡Mira cómo son las cosas de Dios! Mientras escribía este capítulo, recibí un mensaje de una oyente que acababa de perder a su madre. Aquí me decía que le daba gracias a Dios por no dejársela padecer mucho y recogerla en sus brazos. Además, comentaba que tuvo el consuelo de darle un entierro digno y sin deudas. De verdad me conmovió este mensaje tan apropiado en el momento de escribir este capítulo. Así es Dios... Él es mi todo.

Jamás y nunca tendremos respuesta, al menos acá en la tierra, de las cosas que permite Dios.

Mi oración

Dios mío:
Gracias porque sentimos que has hablado a nuestros corazones, y en este tema tan triste, tú nos quieres enseñar también.

Ayúdanos, Padre, a aceptar que esto es parte de la vida, que nacemos, pero que también moriremos.

Danos sabiduría y orden para que nunca, aun después de muertos, seamos carga para nuestra familia.

Asimismo, mi Rey, ayúdanos a meditar sobre la vida de nuestros seres queridos y amigos para que los disfrutemos al máximo, los valoremos y les demos el lugar, el amor y la honra que cada uno merece. De ese modo, cuando nos toque enfrentar la muerte de alguno de ellos, no nos quedarán remordimientos de lo que no pudimos hacer o dar en vida.

Además, ayúdanos a perdonar a los que nos ofenden y a los que hemos ofendido. Entonces, si algún día faltan esas personas, no nos pesará el resto de los días no haberlas perdonado o que no nos puedan perdonar.

Como siempre, mi Dios, te doy gracias porque lo eres todo para mí.

En el nombre de mi amado Jesús, amén.

Escribe tu oración a Dios y pídele que te
ayude a prepararte para la muerte de los
seres queridos y a no entristecerte como
los que no tienen esperanza.

Tu oración

Semana 42
Viaje misionero a Colombia

Antes de formarte en el vientre, ya te había elegido;
antes de que nacieras, ya te había apartado.

JEREMÍAS 1:5

¡Qué bueno es Dios! Cuando escribí el primer libro de esta serie, *Un día a la vez*, tuve la hermosa oportunidad de hacer mi primer viaje misionero al Callao, Perú. ¡Y qué bendición ahora que puedo contarles mi experiencia en Bogotá! Estas dos invitaciones las recibí del «Ministerio Internacional Manos en la Obra para Cristo» y los pastores Juan y Ana Pacheco.

Durante cuatro días visitamos la montaña de Ciudad Bolívar, Altos de Casuca, Soratama y la casa de nuestras hermosas y valientes mujeres que desean rehabilitarse de la droga o la prostitución. En esos lugares, la pobreza y la necesidad son inmensas. Llevamos ropa, juguetes, medicina y comida a cientos de familias que viven en esas frías montañas.

Durante ese viaje visitamos iglesias donde la gente, para congregarse, camina bajo el frío y la lluvia, pero con un corazón dispuesto a recibir su bendición. Allí alaban al Señor con mucha alegría, aunque sin lujos, ni comodidades. Ahí solo reina Dios, así que no se necesitan manifestaciones sobrenaturales para creer en su existencia, ni templos gigantes donde los equipos de sonido, luces, cámaras y pantallas resultan indispensables para hacer un servicio. ¡De ninguna manera! Me fascinó la sencillez y sé que a Dios le encanta también.

En esos días, estuvimos en el Hospital Simón Bolívar donde vivimos momentos muy emotivos. Pudimos orar por cada niño y sus familiares que con lágrimas en sus ojitos esperaban un milagro. Yo le di muchas gracias a Dios por mis princesas, pues no hay un regalo mayor que verlas sanitas.

Uno de los lugares que conmovió mi corazón fue el Hogar Soratama, donde recogen de las calles a las niñitas desde diez años y jovencitas a fin de rescatarlas de la prostitución y las drogas. Imagínate... ¡han hecho eso durante toda su corta vida! Al final de esa tarde, hubo abrazos y besos, mientras que otras aceptaron a Jesús en su corazón y pudimos hablar con muchas de ellas. Mi conversación fue con Andrea que en los próximos días cumpliría diecisiete años. Desde que la vi, dije: «Señor, Andrea pudiera ser mi hija». Nos mirábamos a cada momento y sonreía. Entonces, pensé: *¡Qué lindo sería poder llevarla y tenerla entre mis princesas y llenarla de amor!*

Cuando la pastora Ana terminó la oración, nos dijo: «Ahora, cada una abrace a una mujercita». Así que Andrea y yo nos buscamos y nos abrazamos como si nos conociéramos. Luego, me contó parte de su vida y cómo por la falta del amor de una madre que está todo el día trabajando y la ausencia de un padre comenzó con la prostitución. Aunque ha intentado dejarlo y ha estado un par de veces en ese hogar, vuelve y recae. Con lágrimas en sus ojos me dijo: «Mi mamá nunca tiene tiempo para visitarme... ¿No te gustaría ser mi mamá?». Fue muy emocionante. Un mes más tarde supe que tuvo problemas con la directora del hogar y se escapó.

Mujeres y madres de familia, ¿qué hacemos con nuestras hijas? Mamás, tengo una carga muy grande porque el desamor, la ausencia de mamá en casa todo el día y los fines de semana llevan a las hijas a prostituirse. Los maltratos y los insultos las empujan a olvidar las penas con la droga, el alcohol y los hombres... ¡Qué triste!

Mujeres y madres de familia, ¿qué hacemos con nuestras hijas?

Mi oración

Jesús:

Gracias por el regalo que nos brindas de ser portadores del mensaje de salvación a los que no te conocen.

Gracias porque escuchas nuestras oraciones y manifiestas tu presencia en los lugares que menos los imaginamos.

Ahora, mi Dios, ten misericordia de tantas personas que sufren y permítenos ser instrumentos de tu amor.

Ahora, clamamos a ti, Señor, para que nos perdones por lo que hemos hecho en la vida de nuestras hijas, por haberlas lanzado al mundo de la perdición.

También te damos gracias por las que no han llegado a eso porque sé que solo tu misericordia las ha guardado.

Además, te pedimos perdón por el daño que les hemos causado a nuestros hijos que tú formaste y elegiste.

Dios mío, clamamos para que nos guíes y podamos recuperar el amor y la confianza de nuestros hijitos.

Todo esto te lo pedimos en el nombre de Jesús, amén.

Escribe tu oración a Dios y pídele que te ayude a ser agradecido por todas las bendiciones que tienes en tu vida.

Tu oración

_____
_____
_____
_____
_____
_____
_____
_____
_____
_____
_____
_____
_____
_____
_____
_____
_____
_____
_____

Los oportunistas

¿Dónde hay un hombre que tema al Señor?
Dios le enseñará a elegir lo mejor.

Salmo 25:12, LBD

Esta clase de personajes se encuentra en todos los lugares. Es como una plaga que se ha expandido en los últimos tiempos. La encontramos en los trabajos, en la familia, en las escuelas, en las iglesias, etc.

Estas personas se caracterizan por ser aprovechadas e interesadas. Es más, sacan ventajas de cualquier circunstancia momentánea para su propio interés. Lo peor es que se aprovechan de las fallas de otros para lograr cosas, a fin de salirse siempre con las suyas.

No sé ustedes, pero con solo describirlas me empiezan a llegar a la mente caras y nombres de personas que tienen este comportamiento tan desagradable. Es triste decirlo, pero a estas personas les importa un comino nuestras necesidades y nuestros intereses, a no ser que puedan sacar provecho de nosotros.

Es increíble, pero siempre encontraremos personas que hasta en sus trabajos como líderes espirituales prefieren jugar con sus principios y con Dios a cualquier precio para alcanzar sus metas. En realidad, no les importan que esas personas manipuladas de manera emocional y espiritual se queden en la calle, que no tengan trabajo, ni que sean mujeres víctimas de abuso en sus casas y llenas de hijos, pues su meta es conseguir un templo más lujoso y mayor, el mejor equipo de sonido, luces, etc.

Esto lo he visto en algunos promotores de cantantes que hacen de las suyas al ofrecer dinero para que la música de sus artistas suene en la radio. También están los «promotores» que organizan actividades que llaman conferencias, conciertos, ferias, exposiciones, etc.

Por favor, reflexione-mos a dónde estamos llegando. Hago un llamado a la conciencia.

Lo que hoy denuncio lo cuentan personas que han preferido reservar sus nombres. Se trata de personas víctimas de engaños que, cuando les prometen llevarlas a actividades internacionales, dan de su dinero confiando que es algo de Dios. Al final, las dejan fuera de tal invitación, se desaparecen y no vuelven a contestar un teléfono. De esa manera se queda embarcada una persona que estaba ilusionada, pero que ahora experimenta un gran sufrimiento en su corazón por el engaño. Esto sucede también en los trabajos y en los negocios cuando te prometen que ganarás mucho dinero.

Amigos, tenemos que tener mucho cuidado. Sé que nuestro Dios se entristece cada vez que ve que engañan a uno de sus hijos. ¿Qué está pasando con los valores y con el temor de Dios? Nos portamos peor que los impíos al ensuciar el nombre del Señor.

Por favor, reflexionemos a dónde estamos llegando. Hago un llamado a la conciencia. Dejemos esta clase de exigencias: «No viajo si no voy en primera clase», «Si no me dan pasajes para toda mi familia, me quedo en casa». Pretensiones y más pretensiones reclamando hoteles de seis estrellas que no existen y alfombras rojas. Dejemos esto para los premios de la televisión secular. Aprendamos de Jesús su humildad y su corazón dadivoso.

Mi oración

Dios mío:

Solo nos queda pedirte perdón por las faltas cometidas si nos identificamos con alguna de estas acciones y hemos estafado o hemos abusado de alguien en tus negocios.

Ayúdanos a aprender a ser humildes como tú y a tener un corazón de servicio.

Sabemos que el obrero es digno de su salario, pero no podemos abusar.

Señor, perdona a todo el que sabe que ha actuado de mala fe y permite que se arrepienta.

Por mi parte, me comprometo a distinguirme en este mundo y espero que muchos de mis oyentes y lectores hagan conmigo este compromiso, este pacto de lealtad y compasión.

Gracias, mi Señor.

En el precioso nombre Jesús, amén.

Escribe tu oración a Dios y pídele que te ayude a ser humilde de corazón y a honrarlo a Él por sobre todas las cosas.

Tu oración

Semana 44
¿Por qué prefieren otros ídolos?

Él nos rescató de las tinieblas satánicas y nos trasladó al reino de su Hijo amado, quien compró nuestra libertad con su sangre preciosa y perdonó nuestros pecados.

Colosenses 1:13-14, LBD

Si le conocieran, diría que sería su único ídolo... ¡me refiero a Jesús! Es triste que muchos que conocen la verdad decidan seguir a otros ídolos de la música y del deporte. En otras religiones les rinden culto a diversas imágenes, santos, brujos y animales. Entonces, cuando lo pienso, ¡qué lamentable es que nuestro Dios, por medio de su Hijo, no sea el único ídolo para el planeta entero!

Esas personas no se dan cuenta que esos ídolos siempre fallan en algún momento. Los ejemplos los vemos en deportistas que se descubren en actos poco imitables, en cantantes que son un desastre, etc. Dios es el único que no te desilusionará, nunca te abandonará, ni te dejará por otro.

Mucha gente por desconocimiento, y por nosotros que somos tan pasivos a pesar de que conocemos la verdad, niega su cristianismo porque les da pena. Así que la vida pasa y las personas siguen muriendo sin conocer la verdad.

Deberíamos tener tan solo un poco de esa pasión que viven los que tienen ídolos, los siguen, los veneran y los exhiben sin ninguna vergüenza. De las personas que conocemos, ¿cuántas son así de apasionadas por Jesús sin pasar la raya del fanatismo?

Hace un tiempo vi un reportaje de la gira mundial del Buda, al que le hicieron un gran altar donde la gente lo visitaba y veneraba. En la televisión mostraron cómo la gente lo seguía y ponía su fe en una simple imagen.

Si tú eres seguidor de un santo, sigues a algún ídolo, tienes tu fe puesta en otra cosa, necesito que sepas que Dios es el único digno de adoración. Él es el único que por medio de su Hijo Jesucristo llegó a este mundo, cumplió una misión, murió en una cruz, derramó su sangre para limpiar nuestros pecados y es el único que resucitó al tercer día y hoy está vivo.

La oración a una imagen, hablarle a un santo que no oye y a un ídolo que no puede hacer nada por ti, no es la solución. Así que te invito a conocer al Rey de reyes y Señor de señores. Cuando le conoces, conoces también de su amor, de sus milagros y te das cuenta que Él es el mismo ayer, hoy y siempre, por los siglos de los siglos.

La Palabra de Dios nos recuerda que nadie llega al Padre si no es a través de su Hijo, Jesucristo. Asimismo, recuerda cada día de tu vida que por más obras de caridad que hagas en este mundo, nada te hace merecedor de la vida eterna.

Por eso te recomiendo que pongas tu mirada en Dios. Nada vale más la pena en este mundo que seguir a un Dios vivo que siempre quiere que recuerdes que eres su hijo y desea cumplir su propósito en tu vida.

Si has estado apartado o quizá vengas de un mundo de brujería o de hechicería, te has involucrado en cultos satánicos, has hecho pactos con Satanás, has participado de lectura de manos, cartas o cualquiera de esos ritos, hoy te invito a liberarte de esos falsos ídolos. Pídele perdón a Dios y sentirás la verdadera felicidad que se experimenta cuando obtenemos la libertad en Cristo Jesús.

La Palabra de Dios nos recuerda que nadie llega al Padre si no es a través de su Hijo, Jesucristo.

Mi oración

Amado Jesús:

Hoy quiero hacer un pacto contigo, pues quiero limpiar mi vida.

Estoy cansado de seguir a falsos profetas, a falsos dioses y a falsas doctrinas. Me han desilusionado, me han engañado y quiero recuperar ese tiempo perdido a tu lado.

Señor, quiero conocerte, quiero entender ese sacrificio que hiciste por mí en la cruz y agradecerte el que te hayas fijado en mí.

Ahora te pido que me liberes de cualquier atadura a la que quizá quedara ligado cuando consulté las cartas o cuando participé en cualquier acto que deshonró tu nombre.

Me declaro sano, libre y limpio para seguirte solo a ti.

Me declaro un verdadero hijo de Dios.

Decreto que no continuará ninguna maldición generacional.

Decreto que solo te seguiré a ti.

Además, me comprometo a conocerte cada día más.

Gracias por darme esta hermosa oportunidad de ponerme a cuentas contigo y por perdonarme.

Todo esto te lo pido en el nombre de Cristo, amén y amén.

Escribe tu oración a Dios y dale gracias
porque Él es el único que puede dar
salvación y vida eterna.

Tu oración

_____

_____

_____

_____

_____

_____

_____

_____

_____

_____

_____

_____

_____

_____

_____

_____

_____

_____

_____

_____

Esclavos y prisioneros

*Cristo nos libertó para que vivamos en libertad. Por lo tanto,
manténganse firmes y no se sometan nuevamente al yugo de
esclavitud [...] Les hablo así, hermanos, porque ustedes
han sido llamados a ser libres.*

GÁLATAS 5:1, 13

Esta semana no se la dedico a las personas que quiero y respeto y
que están en las cárceles del mundo entero. Tengo el privilegio
de visitar a los presos y ver allí que muchos cautivos están libres,
pues le entregaron sus vidas a Jesús.

En cambio, hoy quiero dirigirme a quienes deciden ser esclavos o
prisioneros. Si nunca te has detenido a pensar que por desconocimiento
y hasta por imitación hacemos cosas que no son buenas, es hora de que
entendamos que esto nos puede esclavizar para toda la vida.

Gente linda, quiero que sepas que buscar tu futuro en el tarot, los
brujos, el horóscopo, la carta astral, etc., no solo lo desaprueba nuestro
Creador, sino que te esclaviza a la mentira. Esto lo aprendimos en el
libro anterior, pues esas personas que practican estas cosas no tendrán
entrada al cielo por una sencilla razón: Dios las rechaza.

Mi deseo es asegurar tu vida en Dios. Él es el único que conoce tu
pasado, presente y futuro. No tienes que consultar ni pagarle a nadie
para encontrar el rumbo de tu vida. Si ya conoces la Palabra de Dios,

pero sigues buscando en otras cosas, rechazas y desprecias la libertad que nos da Jesús.

Cuando conocemos a Jesucristo y hacemos la oración de fe, entendemos que Él nos cambia de estatus: nos lleva de esclavos del pecado a hijos de Dios y nos ofrece libertad.

Mi deseo es asegurar tu vida en Dios. Él es el único que conoce tu pasado, presente y futuro.

Así que no tienes que seguir siendo esclavo de la mentira, del temor, ni de los vicios.

Por favor, ¡entiéndelo! Él te sacó de la prisión del pecado, ¿y tú quieres volver a ensuciarte en ese lodo? En realidad, lo que pasa es que te cuesta creer que las promesas de Dios son ciertas. Ante esta actitud, ¿sabes cómo nos ve Dios? Nos ve como hijos con grilletes en los tobillos, esposas en las muñecas y cadenas en el corazón. ¿Te imaginas como se sentirá?

Quizá no seas de los que practican tales cosas, pero vives prisionero en tu propia vida. Guardas secretos de tu pasado que te atormentan y no puedes conciliar el sueño porque la culpa no te lo permite. En fin, son muchas las situaciones que nos pueden esclavizar y que nos impiden disfrutar de las bendiciones de Dios.

En esta semana te invito a meditar sobre tu vida y a pensar en lo que vienes arrastrando por años. Así que quiero decirte que puedes liberarte de esas ataduras si estás dispuesto a hacerlo con la ayuda de Dios. Te pondré un ejemplo personal. Desde muy niña, le temía a la oscuridad de mi cuarto y debía dormir con una luz. A la hora de dormir, sufría mucho, pues si mi hermana no estaba conmigo, escuchaba ruidos y sudaba frío. ¡Era horrible! Este problema se extendió hasta la edad adulta. Tanto era así, que ya viviendo con mis princesas todavía le temía a la oscuridad. Entonces, un día, decidí entregarle ese temor a Dios y Él me liberó de esa prisión.

El temor paraliza, te incapacita. Por eso te invito a entregar todo lo que te roba la libertad. Quizá esos ladrones sean vicios, malas acciones y hábitos dañinos que solo te consumen y alejan de tu familia y de Dios. Dale la oportunidad a Jesús de cambiarte y sanarte por completo. Experimentarás algo hermoso y no te arrepentirás.

Mi oración

Amado Jesús:

¡Qué maravilloso es poder vivir y apreciar esa libertad que nos regalas cuando te conocemos!

De seguro que es una bendición vivir confiada en los beneficios que como hija tienes para mí y para cada uno de los que hoy leen este libro.

También, mi Dios, te ruego e intercedo por las personas necesitadas. Las que hoy reconocen que buscaban en otras cosas esa paz y ese amor. Personas que hoy descubren que perdieron tiempo, dinero, energía y esperanza buscando sus vidas en las cartas y en la brujería. Señor, te suplico que les des la posibilidad de quitarse esa venda que mantiene sus ojos sin ver la verdad.

Además, quiero rogarte por los que están en las cárceles. Permíteles que puedan conocerte y así sobrellevar ese encierro.

Gracias, mi Dios, ¡eres maravilloso y para siempre es tu misericordia!

Perdóname si en algún momento dudé de ti. Ayúdame a consagrarme cada día más.

Te amo y bendigo.

En el nombre de Jesús, amén y amén.

Escribe tu oración a Dios y pídele que te ayude a entregarle todas tus ataduras a fin de que recibas la libertad plena que solo puede darte Él.

Tu oración

Mi experiencia en Israel: Primera parte

Porque de tal manera amó Dios al mundo, que ha dado a su Hijo unigénito, para que todo aquel que en él cree, no se pierda, mas tenga vida eterna.

JUAN 3:16, RV-60

Gracias a Dios realicé un hermoso viaje a Israel con una de las personas más importantes en mi vida, mi madre. Lo vivimos de manera intensa junto con ochenta y tres oyentes de la radio donde trabajo y sé que para todos fue algo maravilloso.

Hoy te exhorto a que si algún día tienes la oportunidad de hacer este viaje, no la dejes pasar. Es fascinante aprender sobre esos lugares históricos y bíblicos donde Jesús nació, realizó su ministerio, llevó a cabo sus milagros y sufrió su agonía final, pero donde también resucitó al tercer día. Ningún hombre en la historia de la humanidad ha influido de una manera tan decisiva en la existencia de otros hombres de modo que permanezca a través de los siglos. Además, ningún libro en la historia puede compararse con la Biblia como guía histórica y geográfica.

En esos siete días, mi compañero de la radio, David, y yo vivimos varias experiencias. Tuvimos el privilegio de transmitir momentos inolvidables en vivo desde Tierra Santa, para Almavisión Radio 87.7 FM, en Miami, Florida. Muchos oyentes que no viajaron vivieron las transmisiones, los testimonios y la información como si hubieran estado allí.

LUGARES QUE ME IMPACTARON

Belén: Ciudad donde nació Jesús, un sitio muy significativo para nosotros. Allí me llamó la atención que a los judíos no les dan entrada y nuestros guías turísticos eran judíos-argentinos. Así que antes de llegar a Belén, se tuvieron que bajar del ómnibus y nos delegaron a otros guías. Es difícil ver que para muchos de estos guías no cristianos el hablar de Jesús sea parte de su trabajo, aunque no crean todo lo que digan. Me sentí triste por esto, pues no conocen la verdad de Jesús.

Nazaret: Aquí fue donde Jesús pasó su niñez. En esta ciudad se encuentra la Iglesia de la Anunciación que recuerda la aparición del ángel Gabriel a María para anunciarle el nacimiento de Jesús. Es increíble que Dios, en su soberanía, escogiera a esta mujer como madre de quien cambiaría el rumbo de la historia.

Caná de Galilea: Aldea cercana a Nazaret, donde Jesús realizó su primer milagro, tal y como aparece en Juan 2:1-11. Allí Jesús asistió a una boda en la que sucedió algo común: se acabó el vino. Jesús, motivado por su madre, hizo su primer milagro convirtiendo seis tinajas de piedra llenas de agua en vino. ¿Acaso alguno de nosotros podría hacer tal cosa? Sabemos que muchos han querido imitar este milagro, pero se han quedado en el intento. Hasta allí llegamos nosotros y fue bien especial, ya que unas ocho parejas que viajaban con nosotros decidieron renovar sus votos matrimoniales. Hubo lágrimas y alegría, pero sobre todo recordamos quién fue Jesús de Nazaret y lo que hizo en este mundo.

Reflexionemos esta semana en la grandeza de Dios y cómo lo planeó todo por amor. Incluso, permitió que su amado Hijo naciera en un pesebre y viviera treinta y tres años en la tierra haciendo milagros y enseñándole a su pueblo. Dios nos amó primero, y así como escogió el vientre de María para su Hijo, también nos escogió a cada uno de nosotros y supo en quién depositaría nuestra vida.

Reflexionemos esta semana en la grandeza de Dios y cómo lo planeó todo por amor.

Mi oración

Mi Jesús:

Esta semana te doy gracias por ese amor tan grande que demostraste y aún demuestras por la humanidad.

Gracias por haber sido obediente a tu Padre y haber cumplido con todo lo que Él te mandó a realizar.

¡Qué bueno que lo hiciste al pie de la letra!

Por eso, hoy muchos disfrutamos de esa obediencia conociéndote y teniendo la paz y la tranquilidad de que tenemos el mejor regalo, la salvación, y con ella la vida eterna.

Hoy te pido por cada una de las personas que lee esta oración.

Sé, Señor, con los que aún no te conocen para que logren entender esta hermosa verdad, abran sus corazones y permitan que mores en sus vidas por medio de tu Espíritu Santo.

Todo esto te lo pido en el nombre de Jesús, amén y amén.

Escribe tu oración a Dios y dale gracias por haber enviado a su Hijo para darte salvación y vida eterna.

Tu oración

_____

_____

_____

_____

_____

_____

_____

_____

_____

_____

_____

_____

_____

_____

_____

_____

_____

_____

Semana 47
Mi experiencia en Israel:
Segunda parte

Canten salmos al Señor, porque ha hecho maravillas;
que esto se dé a conocer en toda la tierra.

Isaías 12:5

Me siento privilegiada cuando hablo de las maravillas de nuestro Dios. Para algunos, esto quizá sea ciencia ficción o una novela de misterio. Sin embargo, lo más hermoso es que Jesús es real. Los milagros que hizo los sigue haciendo en nuestras vidas.

En mi viaje a Israel pude sentir la libertad para amar, orar, adorar y servir a Dios con todo mi corazón. Es más, no tengo que vivir una vida religiosa, no tengo que demostrarle a nadie lo espiritual que soy, ni darme golpes de pecho, ni hacer nada para tener a Jesús en mi vida.

En este viaje visitamos más de diez ciudades y cada una tiene su historia e importancia, aunque a mí me conmovieron unas más que otras. Por eso ahora, te seguiré hablando de esos lugares que me impactaron:

Mar de Galilea: Este inmenso lago recibe las aguas del río Jordán, cuya fuente es la nieve que se derrite del monte Hermón, así como otros manantiales que vienen del norte. Algo hermoso es que este mar de agua dulce ha creado una frondosa vegetación en un país muy árido y se convierte en un deleite para la vista y el alma.

Nosotros, como grupo, tuvimos una experiencia especial en este lugar. Estábamos todos en el barco, cuando tuvimos un momento a solas con Dios. Desde el capitán hasta los guías de esa embarcación eran cristianos. Era un barco como de época, tenía un piano o teclado y ahí, con una oración, comenzamos cada uno a experimentar la presencia de Dios.

En este mar se desencadenan tormentas repentinas, como lo relata la Palabra de Dios en Mateo 8:23-27. En cierta ocasión, mientras Jesús viajaba con sus discípulos por este mar, se durmió profundamente. Entonces, se desató una gran tormenta y los discípulos creyeron que morirían ahogados. Aterrorizados, fueron a despertar al Señor que dormía plácidamente. Cuando lo despertaron, Él les dijo: «Hombres de poca fe [...] ¿por qué tienen tanto miedo? Entonces se levantó y reprendió a los vientos y a las olas, y todo quedó completamente tranquilo» (Mateo 8:26).

Al meditar en esto, empezamos a cantar y adorar a Dios. Muchos ese día aceptaron a Jesús después de un llamado. Mi enseñanza es que a menudo ponemos la mirada en la tormenta y no en Dios, el único que nos puede ayudar.

Río Jordán: Este es el famoso lugar donde Juan el Bautista bautizó a Jesús (Marcos 1:9). En la actualidad, se realizan bautizos masivos en este sitio que está preparado para recibir a miles de peregrinos de todas partes del mundo. Ese día, tuve el honor de transmitir en vivo para la radio los bautizos y escuchar a muchos diciendo lo que sentían antes de que los bautizaran y su experiencia una vez que salían de las aguas.

Vía Dolorosa: Esta es la ruta más sagrada para todos los cristianos. Se trata del recorrido que realizó Jesús llevando a cuestas la cruz hasta el lugar de la crucifixión.

Tumba Vacía: Este otro lugar es un sitio tranquilo en medio de jardines en el que cada persona tiene la experiencia de entrar hasta lo más cercano a esa tumba, solo por unos segundos. En lo personal, le di gracias a Dios porque Jesús resucitó, aunque a muchos les cueste reconocerlo.

A menudo ponemos la mirada en la tormenta y no en Dios, el único que nos puede ayudar.

Mi oración

Padre:

De mi corazón solo sale en este momento la palabra gracias por todo lo que hiciste por nosotros, pues por medio de la obediencia de tu único Hijo Jesucristo viniste a la tierra para darnos salvación.

Tu sufrimiento, Señor, fue terrible. Te humillaron, te juzgaron, te escupieron, te torturaron, te pusieron una corona de espinas, te dieron latigazos para que después, y como si fuera poco, te crucificaran con clavos en tus manos y tus pies.

Allí, aún agonizando, nunca te quejaste.

Permanecías en silencio viviendo esa agonía y esa muerte lenta. Todo por amor a nosotros.

Jesús, yo te pido perdón por las veces que te he fallado, por las veces que no he valorado tu sacrificio.

Hoy solo puedo suplicarte por los que aún no te conocen a fin de que puedan entender la verdad del evangelio.

Señor, ayúdanos a reflexionar sobre todo lo que viviste y el propósito que tienes con cada uno de nosotros.

En el nombre de nuestro amado Señor Jesús oramos, amén.

Escribe tu oración a Dios y dale gracias
porque murió para darnos salvación, pero
también resucitó y su tumba está vacía.

Tu oración

_____

_____

_____

_____

_____

_____

_____

_____

_____

_____

_____

_____

_____

_____

_____

_____

_____

_____

Semana 48
Múltiples caras

Andaré y volveré a mi lugar, hasta que reconozcan su pecado
y busquen mi rostro. En su angustia me buscarán.

OSEAS 5:15, RV-60

En el camino de la vida encontramos toda clase de personas. Se trata de hombres y mujeres que jamás podemos conocer debido al engaño de sus múltiples caras. A veces es tan difícil creer que alguien que se ve especial, agradable, espiritual y hasta bien parecido sea un estafador, un engañador, un ladrón, un burlón... ¡todo esto describe a un timador!

Cuando me enteré de la historia que te voy a relatar, pensé: *¿Cómo esta persona que hubiera podido llevar una vida tan diferente y con bendiciones haya decidido ser un timador?*

Este joven de quien te hablo, la prensa mundial lo presentó así: «Las múltiples caras de un estafador internacional». Fue noticia en Miami y ocupó las primeras planas de los periódicos cuando lo encontraron inconsciente en la pista bajo el avión de Aerovías Colombianas Arca.

Cuando los funcionarios de inmigración lo entrevistaron en el hospital, aseguró que era un huérfano colombiano de trece años de edad que se escondió en las ruedas del avión. Ahora, se ha convertido en uno de los más conocidos ladrones de joyas del mundo y ha engañado a detectives en al menos cinco países al usar diversas identidades robadas: estudiante de medicina en Irlanda; hijo de un diplomático colombiano; hombre de familia inglesa; sacerdote de Nueva York; príncipe alemán; y bahreiní rico. Además, ha escapado de cárceles de máxima seguridad. Este joven que habla seis idiomas, espera un juicio después de su arresto en Vermont, en la frontera con Canadá.

Aprendamos, entonces, que Dios por amor nos ayuda a tener vidas respaldadas por Él.

Es increíble que esto suceda con un joven que llegó de una manera tan arriesgada a Estados Unidos, que lo recibieran como un héroe y que lo acogiera una familia de oficiales de la policía que le abrieron las puertas de su casa para darle amor a este pobre huérfano. Hoy, esta familia se entristece al ver en lo que se convirtió «Guille», como le dicen por cariño, pues está convencida de que a este joven lo deslumbraron las atenciones y los regalos que recibió de las personas que conocieron su historia. Así que su corazón se dañó.

Este joven hubiera podido desarrollar esa inteligencia y esa capacidad para hacer cosas buenas. Sin embargo, prefirió una vida con múltiples personalidades, quizá huyendo de una niñez difícil o solitaria. Creo que ni él mismo sabe quién es, pues su vida ha sido una mentira. La falta de Dios es evidente, pues no ha encontrado nada que lo haga feliz. Lo tuvo todo en sus manos, pero él mismo lo destruyó.

Aprendamos, entonces, que Dios por amor nos ayuda a tener vidas respaldadas por Él. Empecemos en casa con nuestros hijos. ¿Qué educación les estás dando? ¿Qué ven en ti? ¿Les enseñas que no siempre se puede tener todo en la vida? Sé sincero y hazte un examen. ¿Tienes diferentes caras? ¿Caíste en la mentira y el engaño? ¿Te dejaste contaminar por la sociedad haciendo negocios indebidos? ¿Robaste, mataste o planificaste el mal para alguien? ¿Te dejaste llevar por el anhelo de tener dinero al precio que sea? Por favor, si te arrepientes de todo corazón, Dios te perdonará y limpiará tu vida. Búscalo en la intimidad de tu ser y vuelve a empezar.

Mi oración

Dios mío:

¡Qué pena me da que a veces no valoramos el hogar que nos diste y hacemos cosas que entristecen tu corazón y el de nuestros seres queridos!

Hoy te pido por todas las personas que luchan por encontrarse a sí mismas, que sus vidas han sido una mentira, que por egoísmo han cometido maldades con tal de tener todo lo que quieren.

Señor, permite que hoy sientan el deseo de arrepentirse de sus pecados y de comenzar una nueva vida. Que sientan que aunque hayan sido personas indeseadas o rechazadas por la sociedad, pueden empezar de nuevo y que en poco tiempo las personas que los rodean vean sus vidas transformadas.

Sánalos, mi Dios, para que puedan perdonar al que los haya dañado, ofendido y abandonado.

Muéstrales que contigo en la vida pueden transformarse y que puedes darnos todo lo que soñamos, pues tú complaces las peticiones de nuestro corazón.

En el precioso nombre de Jesús, amén.

Escribe tu oración a Dios y pídele que te ayude a ser una persona íntegra que está dispuesta a honrarlo a Él en todo.

Tu oración

Semana 49
Te pido la paz

*El Señor fortalece a su pueblo; el Señor bendice
a su pueblo con la paz.*

Salmo 29:11

En nuestros países estamos llenos de malas noticias. Escuchamos lo que sucede en el mundo entero: guerras, desastres naturales, accidentes, etc. Así que me di a la tarea de sacar una lista de titulares que nos preocupan y que de seguro nos entristecen:

- Más intensos los motines en cárceles chilenas.
- Cierran el paso en el puente sobre el Canal de Panamá por lluvias.
- Se elevan a sesenta las víctimas fatales por alud en Colombia.
- Cuestionan la difusión de caso del niño sicario en México.
- Preocupación en República Dominicana por cinco nuevos casos de cólera.

Estas son algunas noticias de las muchas que tenemos que escuchar todos los días y a veces me da la impresión que nos volvemos inmunes al dolor ajeno y a la necesidad.

La pregunta es la siguiente: ¿Qué hacemos nosotros como hijos de Dios y qué compromiso adquirimos en la parte espiritual? La Palabra de Dios nos enseña que debemos orar por los que gobiernan, a fin de que podamos gozar de una vida tranquila (lee 1 Timoteo 2:1-3).

¿Qué hacemos nosotros como hijos de Dios y qué compromiso adquirimos en la parte espiritual?

También debemos recordar que Dios es el que quita y pone autoridades, y eso se lo deberíamos inculcar a nuestros hijos.

Ahora, te invito a que te unas a mí para que, a solas con Dios, recapacitemos y convirtamos lo que nos dice 2 Crónicas 7:14 (RV-60) en una meta a cumplir siempre. Para un análisis más detallado, lo separé por frases para que, de esa manera, lo comprendamos mejor.

Si se humillare mi pueblo: Dios anhela que su pueblo se humille, lo cual significa que reconozcamos que somos débiles y que dependemos por completo de Él.

Sobre el cual mi nombre es invocado: Cada vez que estamos en una necesidad, nos acordamos de Dios y clamamos cosas como estas: «Dios mío, ayúdame», «Señor, haz esto», «Padre, respóndeme».

Y oraren, y buscaren mi rostro: Con esta frase se nos invita a tener momentos reales con Dios en oración, donde derramemos nuestros corazones ante Él de una manera íntima. Por lo tanto, al ser conscientes de esta necesidad, debemos orar con fervor *un día a la vez* y estar *a solas con Dios.*

Y se convirtieren de sus malos caminos: Me fascina la Palabra de Dios, ya que todo es muy claro y preciso. Dios no es un Dios de confusión, y nos da la oportunidad de que cambiemos y nos arrepintamos de lo malo que hemos hecho.

Entonces yo oiré desde los cielos, y perdonaré sus pecados, y sanaré su tierra: Así es Dios. Nosotros obedecemos y Él procede. Interviene en nuestras vidas y sana nuestra tierra.

Te invito a orar por esas tradiciones que le han robado el primer lugar a Dios y han convertido en ídolos a otras personas u otras cosas, humillando así a nuestro Creador. Unos más que otros se vinculan a la santería y la brujería. Lugares donde el pecado se hace evidente con el libertinaje y la corrupción total. A decir verdad, se han convertido en las Sodoma y Gomorra de la actualidad.

Estas dos ciudades, según narra la Biblia en Génesis 19:24, fueron donde Dios hizo llover azufre y fuego del cielo y las destruyó a causa de la perversión de sus habitantes. Pidámosle perdón a Dios y busquemos su rostro para que Él perdone nuestros pecados y sane nuestra tierra.

Mi oración

Padre nuestro que estás en los cielos, santificado sea tu nombre:

Hoy te doy gracias por mi país, Colombia. Te digo con todo mi corazón que vivo agradecida porque me permitiste nacer allí. Aunque desde jovencita salí para vivir en los Estados Unidos, siempre añoro mi país. Me duele las cosas que vive, la guerrilla que por tanto tiempo ha hecho sangrar a víctimas inocentes. Me duele el secuestro y el sufrimiento que representa para sus familias.

Además, sufro con las noticias tristes que llegan y confieso que muchas veces me he sentido ofendida cuando alguien me dice: «¿Colombiana? ¡Ah!». Es cierto que la droga es algo muy triste, pues opaca las otras cosas maravillosas que tiene mi tierra.

Te pido, Padre, por las víctimas que lo han perdido todo a causa de las lluvias intensas que han arrasado con vidas y pueblos. Dales tu consuelo y oportuno socorro.

Clamo a ti para que mis compatriotas te conozcan y busquen tu rostro, para que se levanten más líderes y más iglesias con doctrinas sanas.

Te pido por el presidente para que lo guíes y lo ilumines en la toma de sus decisiones.

Cubro a Colombia con tu sangre preciosa.

En el nombre de Jesús, amén.

Escribe tu oración a Dios y pídele que su
paz, que sobrepasa todo entendimiento,
llene tu corazón.

Tu oración

Semana 50
Intimidad con Dios

Me has dado a conocer la senda de la vida; me llenarás de alegría en tu presencia, y de dicha eterna a tu derecha.

SALMO 16:11

Mis queridos lectores, creo que somos privilegiados por una sencilla razón: Dios desea que tú y yo tengamos momentos a solas con Él, que podamos acercarnos ante su presencia y hablarle sin palabras rebuscadas y sin tratar de impresionarlo.

Dios nos hizo a su imagen y semejanza y nos creó para que necesitemos estar relacionados con Él. Por eso es muy común escuchar acerca de personas que se alejaron de Dios y que después reconocen que fue la peor cosa que han hecho en su vida. En fin, no importa cuál sea el estado de tu relación con Dios, siempre tendrás acceso a Él.

¿Por qué Dios desea que nuestra relación con Él sea profunda? En primer lugar, porque sabe que muchos podrían ser bien ingratos. Sabemos que hay personas que aunque Dios ha estado a su lado y ha sido fiel en los momentos que le han buscado, una vez que reciben la respuesta que necesitan, no volverán a orar, ni a clamar con tanta entrega e intensidad como lo hicieran durante la crisis.

Hay que reconocer que muchas veces nuestra relación cercana a Dios es en épocas de tormentas. Si ese es tu caso, te entiendo, pues en

Aprendí que mi relación con Dios no dependía de la situación que estuviera viviendo.

otro tiempo fui así. Cuando pasé por mi segundo divorcio, tuve una búsqueda personal con Dios como nunca antes. Le rogué y le supliqué por un milagro. Recuerdo que hasta me postraba, lloraba y oraba por esa situación... ¡creo que las veinticuatro horas del día!

Luego, mi otra experiencia fue cuando estuve enferma de gravedad. Sé que en esa difícil situación, llena de temores por morir y con tristeza por dejar a mis hijas sin madre, fue que aprendí que mi relación con Dios no dependía de la situación que estuviera viviendo. Aunque sabía que había una promesa de sanidad, se veía tan lejana que aprendí a depender de Él. Por primera vez en mi caminar con Cristo entendí lo que es tener una relación íntima con Dios y esto se convirtió en mi estilo de vida.

Incluso, me acostumbré a hablar todo el día con Dios, no solo a buscar ese Lugar Santísimo, ni ese momento de adoración, ni una canción especial que moviera las fibras de mi ser. Por el contrario, se trataba de tener esa manera natural de estar en comunión permanente con Él. Una vez que comprendí que mi Dios no es un número telefónico para emergencias que me soluciona los problemas, cambió mi manera de orar. Esto no solo sucede cuando estoy en intimidad con Él, sino que cuando comienzo el programa radial, se convierte en un momento especial donde intercedo por las necesidades de mis oyentes y, a su vez, Dios les da palabras de esperanza por medio de mí.

Esta semana te invito a empezar poco a poco a desarrollar una relación con Dios. Así que comienza a separar ese tiempo que sea solo para Él. Cuando estés en su presencia, no empieces a rebuscar palabras, pues no lograrás nada. Tampoco le cuentes a Dios a cuántos niños ayudaste en la pasada Navidad. En realidad, a Él no le impresionan nuestras obras. Para mí el éxito de una buena intimidad con Dios es ser nosotros mismos. Cuando estamos felices y se lo manifestamos, cuando estamos tristes y a duras penas podemos hablarle, Él, como Padre, comprenderá cómo nos sentimos y, lo más hermoso, nos dará consuelo.

Mi oración

Señor:

Gracias porque eres sencillo, porque se te puede hallar en todo momento, porque no desprecias jamás nuestras oraciones, porque estoy segura que dejas a un lado cualquier cosa con tal de escucharnos.

Mi Dios, comprendo que para muchos la comunión contigo es solo para los tiempos de crisis. Ayúdalos, Señor, para que recapaciten y se acerquen a ti en todo momento, ya sea bueno o malo, y a estar dispuestos a tener una relación cercana contigo todos los días de su vida.

Estoy agradecida por haber podido comprender lo que tú esperabas de mí cuando pasé por una prueba tan difícil. Por eso, fui capaz de entender lo que es mi relación contigo, y que esa relación no es temporal ni circunstancial, sino que es para siempre.

Te amo, mi Dios, y cada día te digo que es un honor servirte donde tú me pongas y a donde me lleves.

Es un privilegio comunicar el evangelio.

Ahora, te pido por mis amados oyentes y lectores a fin de que los guardes y les concedas todo lo que anhelan sus corazones.

Todo esto te lo suplico en el nombre de Jesucristo, amén.

Escribe tu oración a Dios y pídele que
te ayude a tener una relación íntima
y profunda con Él de tal manera que
enriquezca tu vida.

Tu oración

Semana 51
Testimonio:
Mis princesas

Camina en su integridad el justo; sus hijos
son dichosos después de él.

PROVERBIOS 20:7, RV-60

En una ocasión, un señor muy amable se me acercó en una transmisión a control remoto y me dijo: «Quiero decirle algo, Claudia. Antes, trataba a mis hijas de manera muy despectiva. Las llamaba a Colombia donde viven y conversaba un rato, pero no les daba palabras de afirmación. Nunca les decía cuánto las extrañaba y mucho menos palabras bonitas. Sin embargo, a medida que la escuchaba a usted, me gustaba la forma en que se refería a sus hijas, siempre con tanto amor... ¡sus princesas! Y quiero darle el testimonio que Dios la usó a usted para que yo cambiara con mis hijas. Ahora les digo "mis princesas"».

¡No saben la alegría que sentí! Mis ojos se llenaron de lágrimas y mi corazón de emoción, pues Dios usa las cosas pequeñitas y las hace muy grandes para su gloria.

Siempre he sido una buena madre, responsable, cariñosa, pero en otros tiempos era más dura y más fuerte con ellas. Creo que los mismos problemas de la vida endurecían mi corazón. Cuando estaba enojada, las ofendía con palabras que lastimaban sus corazoncitos ya heridos por el abandono de un padre y por las situaciones que vive cualquier hijo de mamá soltera. Muchas veces pagaron los platos rotos de mis frustraciones, de mi soledad y me atrevo a decir que estaban siendo víctimas de mi amargura.

Dios permite cosas en nuestra vida para formarnos y cambiar nuestro corazón.

El cambio no se produjo hasta que llegó a mi vida mi princesa Ana Cristina, que vino a través de una situación poco inusual para alguien que sirve y trabaja en los medios cristianos. De repente, se destapa una olla de gran calibre: *Claudia embarazada en plena separación de otro hombre.* La vida se derrumbó para mí y también para mis hijas. Cuando tuve que enfrentarme a ellas y contarles que su mamá ahora estaba embarazada, la pregunta enseguida fue: «¿De quién?».

Mis amados amigos, fueron momentos muy difíciles para mí. Mucha gente conoce mi testimonio y sabe lo que tuve que pasar debido a mi desobediencia. Si quieres conocer el testimonio completo, lee mi libro devocional *Un día a la vez.* Sin embargo, ¿por qué traigo este tema de las Princesas? Bueno, porque Dios permite cosas en nuestra vida para formarnos y cambiar nuestro corazón, y para decirnos que de Él nadie se burla.

Esta situación marcó mi vida para siempre... es el antes y el después. Mi manera de ver la vida cambió por completo e hice un pacto con Dios respecto a mis hijas. Le pedí que me llenara de amor y de ternura por mis hijas, que les pudiera dar todo lo que no les di cuando estaba mal. A partir de ese momento, nació ese nuevo nombre para ellas: ¡Mis Princesas!

La llegada de Ana Cristina fue una bendición, pues mis otras dos hijas la acogieron como esperaba, con amor. La aceptaron desde el primer día y, ahora, son más que hermanas: son mamis, consejeras y maestras, y mi princesa Annie ha crecido en un hogar donde no le ha faltado amor.

Mi invitación es que reflexiones sobre la relación que tienes con tus hijos. Aunque sean Príncipes, llénalos de amor y no lo conviertas en culpables de tus frustraciones. Recuerda, la falta de amor y comprensión los puede impulsar a las pandillas, a las drogas y a un mundo de tinieblas donde solo buscan que los comprendan y los amen.

Mi oración

Mi Dios:
Primero que todo, me siento muy honrada de que me escogieras para ser la madre de mis tres hijas: Naty, Niki y Annie.

Te agradezco tu fidelidad, porque en medio de mi necedad, estuviste a mi lado y me enseñaste cómo amar a mis hijas y me mostraste que fui injusta muchas veces.

Gracias te doy porque la llegada de la Princesa Annie cambió todo en nuestra casa. Me devolvió la dulzura, me quitó cualquier amargura que se había empezado a formar y desde ese entonces nunca más volvimos a ser iguales.

Yo bendigo las vidas de mis hijas.

También te doy gracias, mi Dios, que hayas apoyado a mi Princesa Naty cuando decidió casarse, y salió de nuestra casa como un día hace muchos años nos lo prometió a ti y a mí: Vestida de blanco y virgen.

¡Qué privilegio!

Gracias, mi Jesús.

En tu nombre, amén.

Escribe tu oración a Dios y pídele que te
ayude a caminar en integridad y a darles
lo mejor a tus hijos.

Tu oración

Semana 52
La preparación para un nuevo año

El Señor mismo marchará al frente de ti
y estará contigo; nunca te dejará ni te
abandonará. No temas ni te desanimes.

DEUTERONOMIO 31:8

¡Es increíble que ya estemos despidiendo un año más! Te exhorto a que hagas un análisis de tu vida este año, ya que como no me canso de decirlo, no debemos ser siempre iguales. Debemos ser personas que nos proyectemos, que tengamos sueños, que deseemos ser diferentes y llegar lejos. Debemos distinguirnos en esta tierra, no para ganarnos el cielo, pues ya aprendimos que no por es por obras, sino por la gracia de Dios.

Por eso te pido que, si este año transcurrió para ti igual al pasado y al de hace dos años, le pongas toda la atención. Sé que Dios es un Dios de milagros y nos ama y nos quiere dar todo de acuerdo con su voluntad. Sin embargo, ese Dios también espera de ti que te ganes las cosas, que le pongas todo empeño y así estoy segura que Él te respaldará.

No seamos de los que nos sentamos a esperar que llegue el trabajo a la puerta. Hazlo por ti mismo, por tus hijos, sal de esa lentitud en la que has caído. No te dejes contaminar por la sociedad que te rodea.

Sé que Dios es un Dios de milagros y nos ama y nos quiere dar todo de acuerdo con su voluntad.

Sabemos que hay muchas presiones y podemos caer con facilidad y quitar la mirada de Dios. Entonces, cuando nos damos cuenta, estamos haciendo algo indebido.

Recuerda que es muy importante la comunión con Dios. Así que busquemos esos momentos de intimidad, a fin de que veamos frutos en nuestras vidas. Haz la tarea de buscar una iglesia con una sana doctrina. Ten presente que tienes que vivir una vida recta y, a la vez, buscar dirección para todas las cosas que emprendas. Si no buscas de Dios ni te congregas, no podrás exigirles nada a tus hijos, pues van a imitar lo que ven.

Me gustaría que a continuación hicieras una lista de las cosas que prometiste realizar y que no lograste, y una lista de las que sí lograste. Eso te ayudará a evaluar hasta qué punto fuiste firme y estuviste dispuesto a alcanzar sueños y a valorar cada año como si fuera el último. Por favor, no te sientas mal si en la lista de cosas realizadas no hiciste ninguna.

Me gusta mucho que seamos personas de éxito, que podamos ser diferentes y dignos de imitar. Así que, adelante, no dejes que nada te desanime. Recuerda que con Dios ya estás en victoria.

Si te sientes mal con Dios, porque te alejaste este año, vuelve a sus caminos. A Él le interesa más tu regreso que lo que hiciste durante ese tiempo. A un padre siempre le dará mucho gusto que su hijo vuelva a su casa. Así que no lo pienses, ni lo dudes más.

Quiero aprovechar este momento para que hagamos juntos una oración de reconciliación con Dios. Repite conmigo:

Señor Jesús:

Vengo ante tu presencia reconociendo que me he alejado de ti, que te he fallado. Hoy reconozco que te necesito y que deseo que me perdones. Dame la oportunidad de volver a ti. Te pido perdón y me comprometo a no alejarme más. Bendice mi vida y dame sabiduría. Gracias, Señor, por poder ir ante ti en oración. Recibo tu amor.

En el nombre de Jesús, amén.

Mi oración

Querido Señor:

¡Cuánta emoción y alegría siento al saber que de seguro muchas personas repitieron esta oración de reconciliación contigo!

Te doy gracias porque tú eres grande y para siempre es tu misericordia.

Te suplico que bendigas a cada persona que se haya reconciliado y la ayudes a mantenerse firme en tus caminos.

En lo personal, acepto el reto de servirte pase lo que pase. Me levanto firme y te doy gracias por mi familia, mi esposo y mis hijas.

Gracias por este año que me diste. Gracias por mi trabajo. Gracias por el respaldo a mis libros que me inspiraste a escribir. Gracias, mi amado Dios.

Bendice en especial a mis oyentes y lectores.

Señor, te pido una bendición especial para mi Editorial Unilit. Por favor, bendice a cada uno de los que forman parte de ella.

Bendice también a Almavisión Radio 87.7 FM. Al pastor Daniel Caamaño y a su esposa, Ady, dales fuerzas para cumplir todo lo que les has llamado a hacer.

Además, bendice en gran manera a cada uno de mis compañeros de trabajo.

Todo esto te lo suplicamos en el precioso nombre de nuestro amado Señor Jesucristo, amén.

Escribe tu oración a Dios y haz un pacto con Él y dedícale el próximo año para hacer su voluntad.

Tu oración

ACERCA DE LA AUTORA

CLAUDIA PINZÓN nació en Bogotá, Colombia. Su carrera la ha desarrollado como productora y conductora de programas radiales. Durante diez años formó parte del equipo de la principal radio colombiana en Miami, «Caracol 1260 AM», donde obtuvo premios por su gran labor. Ha trabajado por más de diez años en la radio cristiana con programas estelares. En la actualidad, conduce dos programas de gran audiencia en el sur de la Florida.

Por herencia de su padre, el señor Carlos Pinzón, pionero de la radio y la televisión en Colombia, Claudia lleva la radio y el servicio comunitario en sus venas. Su trabajo con la comunidad en Miami la ha llevado a recibir reconocimientos por parte de la ciudad y diferentes organizaciones. Ha desarrollado campañas de labor social como ferias comunitarias, de salud, de apoyo a los niños abandonados, visitas a las cárceles, etc.

En sus más de catorce años de conocer a Jesucristo, ha vivido experiencias que han marcado su vida espiritual, dejándole lecciones conmovedoras de vida, donde los milagros y la misericordia de Dios han sido sus fieles compañeros. Claudia también es conferenciante en actividades familiares y de mujeres. Vive en Miami, Florida, con su esposo, Edgar, y sus amadas princesas Naty, Nicky y Annie.

Notas

Notas

Notas

Notas

Notas

Notas

Notas

Notas

Notas

Notas

Notas

Notas

Notas

Notas

Notas

Notas

Notas

Notas

¡Experimenta la poderosa realidad de la presencia de Dios!

Un día a la vez:
Mis devocionales
por Claudia Pinzón
Rústica, 377 págs.
• 9780789917553

Un día a la vez:
Meditaciones diarias
Calendario de mesa
Espiral
• 9780789918024

La vida está llena de altibajos que nos sorprenden en cada vuelta del camino. Entonces, de manera inconsciente, caemos en una rutina que nos ahoga con sus afanes y luchas, sin darnos cuenta que tenemos a nuestro alcance la solución. Las lecciones de aceptación y triunfo solo las encontrarás cuando te llenes de la Palabra de Dios y sus enseñanzas. Únete a la autora de este libro devocional y emprende esa búsqueda diaria de Dios. Deja de andar a tientas en las tinieblas de este mundo y camina a la luz del Señor... *Un día a la vez.*

www.editorialunilit.com

Información

Para más información, conferencias,
seminarios y talleres de la autora:

Correo electrónico:
claudiapinzond@hotmail.com

Teléfono:
786-283-22 57

Página web:
www.claudiapinzon.com